Antonio Machado

Antología poética

ALFAGUARA ᴹᴿ
JUVENIL

ANTONIO MACHADO. ANTOLOGÍA POÉTICA

D.R. © Antonio Machado
D.R. © del prólogo: Justo Navarro, 2005
D.R. © del estudio y notas: Luis García-Camino Burgos, 2005
D.R. © de las fotografías: Biblioteca Nacional, Madrid/
Laboratorio Biblioteca Nacional; S. Cid; García-Pelayo/
Juancho, 2005
D.R. © Santillana Ediciones Generales, S.L., 2005

D. R. © de esta edición:
Editorial Santillana, S.A. de C.V., 2014
Av. Río Mixcoac 274, Col. Acacias
03240, México, D.F.

Alfaguara Juvenil es un sello editorial licenciado a favor
de Editorial Santillana, S.A. de C.V.
Éstas son sus sedes:

Argentina, Bolivia, Chile, Colombia, Costa Rica, Ecuador,
El Salvador, España, Estados Unidos, Guatemala, México,
Panamá, Paraguay, Perú, Puerto Rico, República Dominicana,
Uruguay y Venezuela.

Primera edición en Santillana Ediciones Generales, S.A. de C.V.:
enero de 2008
Primera edición en Editorial Santillana, S.A. de C.V.: diciembre de 2014

ISBN: 978-607-01-2445-7

Impreso en México

Reservados todos los derechos conforme a la ley. El contenido y los diseños
íntegros de este libro se encuentran protegidos por las Leyes de Propiedad
Intelectual. La adquisición de esta obra autoriza únicamente su uso de forma
particular y con carácter doméstico. Queda prohibida su reproducción,
transformación, distribución y/o transmisión, ya sea de forma total o parcial,
a través de cualquier forma y/o cualquier medio conocido o por conocer,
con fines distintos al autorizado.

SANTILLANA

Antonio Machado

Antología poética

Prólogo de
Justo Navarro

Estudio de
Luis García-Camino Burgos

Prólogo
por Justo Navarro

Cuando Antonio Machado tenía 20 años, quería ser actor, y llegó a subir al escenario de algún teatro madrileño, interpretando un papel insignificante. Su hermano José lo recuerda mirándose al espejo durante horas, "haciendo gestos y contracciones con los músculos de la cara". Consultaba manuales de anatomía: Antonio investigaba qué músculos faciales hay que mover para expresar alegría, dolor o indiferencia.

Era mal estudiante y soñaba con huir a América, a Guatemala, como un tío suyo, en busca de fortuna. No le gustaba estudiar. Prefería escribir en los periódicos, andar por teatros y cafés, charlar de los grandes acontecimientos: la guerra con los Estados Unidos de América, el hundimiento de la escuadra española de las Filipinas en Manila el 1 de mayo de 1898, la pérdida de Cuba, Puerto Rico y las Islas Filipinas, el desastre español.

Machado viajó a París en junio de 1899 con su hermano Manuel. Allí conoció a Oscar Wilde y a Pío Baroja, trabajó como traductor para una gran editorial y descubrió a los pintores impresionistas. Volvió a Madrid y acabó el bachillerato. Ya tenía 25 años. Se matriculó en sociología, en la Universidad madrileña, pero seguía intranquilo. Viajó a París en la primavera de 1902. Se encontró con Rubén Darío y fue canciller interino del consulado de Guatemala hasta que, casi inmediatamente, el cónsul lo despidió porque el poeta Machado no tenía demasiada buena pinta.

Alguien vio por aquellos días a Machado en un café, serio como un sacerdote, pero pensando en bailarinas flamencas. "Misterioso y silencioso" le pareció a Rubén Darío. Publicaba poemas en las mejores revistas de su generación pero le escribió a Juan Ramón Jiménez para confiarle que no estaba muy satisfecho, que aún buscaba una forma para su poesía. Sentía que había perdido la juventud, sin amor. Entonces, en 1907, unas oposiciones lo convirtieron en profesor de francés, catedrático de instituto.

El muchacho titubeante se fue convirtiendo en un poeta seguro. Prestaba atención al mundo exterior para nombrar en voz alta el silencioso mundo íntimo. Y cada vez le interesaban más a Machado las cosas inmediatas, el paisaje, la gente. Es un poeta de paseos, de viajes, en los que se sentía acompañado por sus lecturas preferidas, los poetas Paul Verlaine, Rosalía de Castro, Gustavo Adolfo Bécquer, su amigo Juan Ramón... Sus destinos como profesor, Soria, Baeza y Segovia, Madrid por fin, fueron siempre motivo de excursiones y descubrimientos. Leerlo es aprender a mirar mejor las cosas. Su generación, la de 1898, miró el paisaje con ojos de pintor, y los poemas de Antonio Machado parecen muchas veces apuntes para un cuadro. Podrían servir de instrucciones para pintar el panorama que miraba el poeta.

Pero los paisajes de Machado no sólo captan el presente. Tienen la sensación del tiempo: lo que fue y lo que vendrá están contenidos en ese instante, y el poeta lo ve. Podemos intentarlo nosotros: mirar alrededor y distinguir las cosas que nos hablan del pasado y las que nos remiten al futuro. Es menos difícil de lo que parece. Y Machado, que, cumplidos los 30 años, seguía con su sensación de juventud desaprovechada, nunca vivida, sin amor, no renunciaba a encontrarse con el tiempo perdido, o así lo escribió en un poema:

Y todavía
yo alcanzaré mi juventud un día.

Se casó en Soria en el verano de 1909, a los 37 años, con la quinceañera Leonor Izquierdo, hija de los dueños de la pensión donde se alojaba. Soria fue la ventana por la que Machado se adentró en Castilla y sus tierras. "Soy hombre extraordinariamente sensible al lugar en que vivo", escribió Machado más tarde. Soria sería sagrada desde entonces. Allí se casó, allí murió su mujer tres años después de la boda, enferma de los pulmones. Machado huyó de Soria, y dio clases en Baeza y Segovia, entre nuevos amigos y siempre en soledad, hombre de negro, fumador irremediable. Era famosa la ceniza de cigarro en los trajes oscuros de Antonio Machado, y así lo retrataron el poeta Rafael Alberti y todos los periodistas que lo entrevistaron; fumando y echándose la ceniza en la ropa. El fumador empedernido había dejado drásticamente el tabaco cuando cuidaba a su joven esposa enferma.

Le preocupaba su tiempo concreto, la España rutinaria y dormida que se acomodaba incurablemente al pasado. En Segovia fundó una Liga Provincial de los Derechos del Hombre. Al profesor "misterioso y silencioso" también le gustaba la reunión con los amigos, la vida social del mundo literario. Triunfó, con su hermano Manuel, como autor de teatro en los años veinte. *La Lola se va a los puertos* (1929), de los Machado, logró tanto éxito que la adaptaron al cine.

En aquellos años tuvo un nuevo amor, secreto, imposible, con Guiomar, nombre poético bajo el que se ocultaba una mujer casada. "Todo se ilumina para mí cuando te veo... Es verdad, se me ilumina el rostro... Me sale fuera la luz del corazón", escribió Machado, que, como si no le bastara con ser uno solo, inventaba escritores, Abel Martín y su discípulo

Juan de Mairena, autores de cientos de páginas en las que Machado descubría voces que no sospechaba poseer. Puede que fuera una manera de buscar compañía en su soledad. Eso de inventar escritores es otra cosa que podemos probar nosotros mientras leemos a Machado.

Le ha quedado fama de haber sido un hombre muy serio, aunque también fue el muchacho que quería ser actor y aventurero en América, flojo en los estudios, lento en dar con un empleo pagado. Vio con claridad su vocación, que era ser escritor. No tuvo fortuna en sus amores, estuvo solo casi siempre, pero, cuando en la primavera de 1931 llegó la República, Machado se encontraba entre los muchos que la recibieron con alegría. Por algo había sido alumno de la Institución Libre de Enseñanza, que impartía una educación basada en la responsabilidad individual de cada uno por encima de dogmas y prejuicios.

Murió en Collioure, Francia, el 22 de febrero de 1939, tres días antes que su madre. "Después de un éxodo lamentable, pasé la frontera con mi madre... en condiciones empeorables... sin un céntimo francés", escribió. En el bolsillo le encontraron un verso: "Estos días azules y este sol de la infancia". La poesía de Antonio Machado es observación con emoción, con la emoción del tiempo, es decir, de reconocer y sentir el tiempo que fluye en las cosas.

Antología poética

Soledades. Galerías.
Otros poemas (1899-1907)[1]

Soledades se editó en 1903, en pleno modernismo. Más tarde, en 1907, apareció *Soledades. Galerías. Otros poemas*. Los versos de estos libros recuerdan a Bécquer y a Rosalía de Castro y, en ellos, Machado desarrolla unos temas que siempre han preocupado a los poetas: el tiempo, la muerte y Dios.

Junto a esos grandes temas, nostálgicos recuerdos de infancia, delicadas evocaciones de paisajes y un amor, probablemente literario. Soledad, melancolía y angustia son las sensaciones que predominan en estos poemas. El libro está construido sobre unas realidades simbólicas, motivos que se repiten, como la tarde, la sed, el agua, la noria, las galerías, los frutos maduros, la dama misteriosa, el camino, el sueño...

Del modernismo y del simbolismo le viene a Machado la preferencia por determinados ritmos, como los dodecasílabos o los alejandrinos. Pero no faltan formas mucho más sencillas y comienza a aparecer la silva romance, que será su estrofa preferida. En el léxico y las imágenes se puede comprobar, de igual modo, la influencia del movimiento modernista.

---
[1] Los poemas de la primera edición de 1903, que son los más neorrománticos y modernistas del libro, se señalan con un asterisco (*).

II[2]

He andado muchos caminos,
he abierto muchas veredas;
he navegado en cien mares,
y atracado en cien riberas.

En todas partes he visto
caravanas de tristeza,
soberbios y melancólicos
borrachos de sombra negra,

y pedantones al paño[3]
que miran, callan, y piensan
que saben, porque no beben
el vino de las tabernas.

Mala gente que camina
y va apestando la tierra...

Y en todas partes he visto
gentes que danzan o juegan,
cuando pueden, y laboran
sus cuatro palmos de tierra.

Nunca, si llegan a un sitio,
preguntan adónde llegan.
Cuando caminan, cabalgan
a lomos de mula vieja,

y no conocen la prisa
ni aun en los días de fiesta.
Donde hay vino, beben vino;
donde no hay vino, agua fresca.

---

[2] El autor contrapone dos modos de vida con un fin social. En cuanto a la métrica, el poema es un romance.
[3] *al paño:* posición del actor que debe decir su frase quedando oculto; *pedantones al paño:* presuntuosos cobardes (que no asoman).

Son buenas gentes que viven,
laboran, pasan y sueñan,
y en un día como tantos,
descansan bajo la tierra.

III[4]

La plaza y los naranjos encendidos
con sus frutas redondas y risueñas.
  Tumulto de pequeños colegiales
que, al salir en desorden de la escuela,
llenan el aire de la plaza en sombra
con la algazara de sus voces nuevas.
  ¡Alegría infantil en los rincones
de las ciudades muertas!...
¡Y algo nuestro de ayer, que todavía
vemos vagar por estas calles viejas!

IV[5]

En el entierro de un amigo

Tierra le dieron una tarde horrible
del mes de julio, bajo el sol de fuego.
  A un paso de la abierta sepultura,
había rosas de podridos pétalos,

---

[4] Melancólica evocación de la niñez. Silva romance, aunque sólo tiene un heptasílabo.
[5] Reflexión, entre amarga e irónica, sobre la muerte. Silva romance.

entre geranios de áspera fragancia[6]
y roja flor. El cielo
puro y azul. Corría
un aire fuerte y seco.

De los gruesos cordeles suspendido,
pesadamente, descender hicieron
el ataúd al fondo de la fosa
los dos sepultureros...

Y al reposar sonó con recio golpe,
solemne, en el silencio.

Un golpe de ataúd en tierra es algo
perfectamente serio.

Sobre la negra caja se rompían
los pesados terrones polvorientos...

El aire se llevaba
de la honda fosa el blanquecino aliento.

—Y tú, sin sombra ya, duerme y reposa,
larga paz a tus huesos...
Definitivamente,
duerme un sueño tranquilo y verdadero.

V[7]

Recuerdo infantil

Una tarde parda y fría
de invierno. Los colegiales

---

[6] Las hojas del geranio son ásperas, su aroma no es, tampoco, delicado; el poeta une las dos sensaciones, táctil y olfativa, con intención expresiva (sinestesia).
[7] De nuevo la infancia. Monótona y melancólica tarde en la escuela. Cuartetas.

estudian. Monotonía
de lluvia tras los cristales.
  Es la clase. En un cartel
se representa a Caín
fugitivo, y muerto Abel,
junto a una mancha carmín.
  Con timbre sonoro y hueco
truena el maestro, un anciano
mal vestido, enjuto y seco,
que lleva un libro en la mano.
  Y todo un coro infantil
va cantando la lección;
mil veces ciento, cien mil,
mil veces mil, un millón.
  Una tarde parda y fría
de invierno. Los colegiales
estudian. Monotonía
de la lluvia en los cristales.

VI*8

Fue una clara tarde, triste y soñolienta
tarde de verano. La hiedra asomaba
al muro del parque, negra y polvorienta...
  La fuente sonaba.
  Rechinó en la vieja cancela mi llave;
con agrio ruido abriose la puerta

---

8 Primer poema de la edición de 1903. Versificación muy modernista: dodecasílabos con algún hexasílabo formando serventesios o grupos de pareados de diferentes consonancias.

de hierro mohoso y, al cerrarse, grave
golpeó el silencio de la tarde muerta.

En el solitario parque, la sonora
copla borbollante del agua cantora
me guió a la fuente. La fuente vertía
sobre el blanco mármol su monotonía.

La fuente cantaba: ¿Te recuerda, hermano,
un sueño lejano mi canto presente?
Fue una tarde lenta del lento verano.

Respondí a la fuente:
No recuerdo, hermana,
mas sé que tu copla presente es lejana.

Fue esta misma tarde: mi cristal vertía
como hoy sobre el mármol su monotonía.
¿Recuerdas, hermano?... Los mirtos talares[9],
que ves, sombreaban los claros cantares
que escuchas. Del rubio color de la llama,
el fruto maduro pendía en la rama,
lo mismo que ahora. ¿Recuerdas, hermano?...
Fue esta misma lenta tarde de verano.

—No sé qué me dice tu copla riente
de ensueños lejanos, hermana la fuente.

Yo sé que tu claro cristal de alegría
ya supo del árbol la fruta bermeja;
yo sé que es lejana la amargura mía
que sueña en la tarde de verano vieja.

Yo sé que tus bellos espejos cantores
copiaron antiguos delirios de amores:

---

[9] El *mirto* es un arbusto muy empleado en los setos por su facilidad para formar figuras o volúmenes diferentes. De ahí que el adjetivo *talar* (que se aplica a la vestidura que llega hasta los talones, la sotana) haga alusión a la forma alargada y redondeada que se ha dado al arbusto.

mas cuéntame, fuente de lengua encantada,
cuéntame mi alegre leyenda olvidada.

—Yo no sé leyendas de antigua alegría,
sino historias viejas de melancolía.

Fue una clara tarde del lento verano...
Tú venías solo con tu pena, hermano;
tus labios besaron mi linfa[10] serena,
y en la clara tarde, dijeron tu pena.

Dijeron tu pena tus labios que ardían;
la sed que ahora tienen, entonces tenían.

—Adiós para siempre la fuente sonora,
del parque dormido eterna cantora.
Adiós para siempre, tu monotonía,
fuente, es más amarga que la pena mía.

Rechinó en la vieja cancela mi llave;
con agrio ruido abriose la puerta
de hierro mohoso y, al cerrarse, grave
sonó en el silencio de la tarde muerta.

VII[11]

El limonero lánguido suspende
una pálida rama polvorienta,
sobre el encanto de la fuente limpia,
y allá en el fondo sueñan
los frutos de oro...
               Es una tarde clara,
casi de primavera,

---

[10] *linfa:* poéticamente, agua.
[11] Publicado en 1903 en la revista *Helios* con un título significativo: *El poeta visita el patio de la casa en que nació.* Silva romance.

tibia tarde de marzo,
que el hálito de abril cercano lleva;
y estoy solo, en el patio silencioso,
buscando una ilusión cándida y vieja:
alguna sombra sobre el blanco muro,
algún recuerdo, en el pretil de piedra
de la fuente dormido, o, en el aire,
algún vagar de túnica ligera.

En el ambiente de la tarde flota
ese aroma de ausencia,
que dice al alma luminosa: nunca,
y al corazón: espera.

Ese aroma que evoca los fantasmas
de las fragancias vírgenes y muertas.

Sí, te recuerdo, tarde alegre y clara,
casi de primavera,
tarde sin flores, cuando me traías
el buen perfume de la hierbabuena,
y de la buena albahaca,
que tenía mi madre en sus macetas.

Que tú me viste hundir mis manos puras
en el agua serena,
para alcanzar los frutos encantados
que hoy en el fondo de la fuente sueñan...

Sí, te conozco, tarde alegre y clara,
casi de primavera.

IX[12]

Orillas del Duero

Se ha asomado una cigüeña a lo alto del campanario.
Girando en torno a la torre y al caserón solitario,
ya las golondrinas chillan. Pasaron del blanco invierno,
de nevascas y ventiscas los crudos soplos de infierno.
  Es una tibia mañana.
El sol calienta un poquito la pobre tierra soriana.
  Pasados los verdes pinos,
casi azules, primavera
se ve brotar en los finos
chopos de la carretera
y del río. El Duero corre, terso y mudo, mansamente.
El campo parece, más que joven, adolescente.
  Entre las hierbas alguna humilde flor ha nacido,
azul o blanca. ¡Belleza del campo apenas florido,
y mística primavera!
  ¡Chopos del camino blanco, álamos de la ribera,
espuma de la montaña[13]
ante la azul lejanía,
sol del día, claro día!
¡Hermosa tierra de España!

---

[12] Combinación de versos octonarios (16 sílabas, con cesura central: 8 + 8) y octosílabos, de rima consonante que forma pareados, cuarteta y redondilla.
[13] *espuma de la montaña:* metáfora preposicional; se refiere a los restos de nieve en las cumbres.

XI[14]

Yo voy soñando caminos
de la tarde. ¡Las colinas
doradas, los verdes pinos,
las polvorientas encinas!...
¿Adónde el camino irá?
Yo voy cantando, viajero
a lo largo del sendero...
—La tarde cayendo está—.
"En el corazón tenía
la espina de una pasión;
logré arrancármela un día:
ya no siento el corazón."

Y todo el campo un momento
se queda, mudo y sombrío,
meditando. Suena el viento
en los álamos del río.

La tarde más se obscurece;
y el camino que serpea
y débilmente blanquea,
se enturbia y desaparece.

Mi cantar vuelve a plañir[15]:
"Aguda espina dorada,
quién te pudiera sentir
en el corazón clavada".

---

[14] Poema publicado en 1906 en la revista *Ateneo* con el título *Ensueños*. Versos octosílabos con rima consonante formando cuartetas y redondillas.
[15] *plañir:* llorar, manifestar dolor.

XVI*[16]

Siempre fugitiva y siempre
cerca de mí, en negro manto
mal cubierto el desdeñoso
gesto de tu rostro pálido.
No sé adónde vas, ni dónde
tu virgen belleza tálamo
busca en la noche. No sé
qué sueños cierran tus párpados,
ni de quién haya entreabierto
tu lecho inhospitalario.

....

Detén el paso, belleza
esquiva, detén el paso.
Besar quisiera la amarga,
amarga flor de tus labios.

---

[16] La presencia de la muerte es frecuente en esta primera época de Machado. Romance.

DEL CAMINO

XX*17

Preludio

Mientras la sombra pasa de un santo amor, hoy
[quiero
poner un dulce salmo sobre mi viejo atril.
Acordaré las notas del órgano severo
al suspirar fragante del pífano de abril.

Madurarán su aroma las pomas[18] otoñales,
la mirra y el incienso salmodiarán[19] su olor;
exhalarán su fresco perfume los rosales,
bajo la paz en sombra del tibio huerto en flor.

Al grave acorde lento de música y aroma,
la sola y vieja y noble razón de mi rezar
levantará su vuelo suave de paloma,
y la palabra blanca se elevará al altar.

XXI*20

Daba el reloj las doce... y eran doce
golpes de azada en tierra...
... ¡Mi hora! —grité—... El silencio
me respondió: —No temas;

---

[17] Poema de influencia modernista, con un lenguaje sensorial y exótico. Versos alejandrinos formando serventesios de rima aguda en los pares.
[18] *pomas:* manzanas o frutas de árboles pomáceos, como las peras o los membrillos.
[19] Mirra e incienso son resinas aromáticas, que elevarán sus olores como si fueran salmos.
[20] De nuevo el presentimiento de la muerte. Silva romance.

tú no verás caer la última gota
que en la clepsidra[21] tiembla.

Dormirás muchas horas todavía
sobre la orilla vieja,
y encontrarás una mañana pura
amarrada tu barca a otra ribera[22].

XXV[23]

¡Tenue rumor de túnicas que pasan
sobre la infértil tierra!...
¡Y lágrimas sonoras
de las campanas viejas!
Las ascuas mortecinas
del horizonte humean...
Blancos fantasmas lares[24]
van encendiendo estrellas.
—Abre el balcón. La hora
de una ilusión se acerca...
La tarde se ha dormido,
y las campanas sueñan.

---

[21] *clepsidra*: reloj de agua. Está formado por dos recipientes y el tiempo se mide por lo que tarda en caer el agua, gota a gota, de un recipiente a otro.
[22] Estos versos hacen alusión al mítico Caronte, el barquero que transportaba a los muertos hasta la otra orilla de la laguna Estigia, es decir, la orilla de la muerte.
[23] En la hora del crepúsculo, la realidad y el sueño se confunden. Poema muy simbolista. Silva romance.
[24] *lares:* dioses romanos del hogar. Aquí puede entenderse "familiares". Según la creencia popular, las almas de los seres queridos se asoman a la tierra en cada una de las estrellas.

XXXII*[25]

Las ascuas de un crepúsculo morado
detrás del negro cipresal humean...
En la glorieta en sombra está la fuente
con su alado y desnudo Amor[26] de piedra,
que sueña mudo. En la marmórea taza
reposa el agua muerta.

XXXIII*[27]

¿Mi amor?... ¿Recuerdas, dime,
aquellos juncos tiernos,
lánguidos y amarillos
que hay en el cauce seco?...
¿Recuerdas la amapola
que calcinó el verano,
la amapola marchita,
negro crespón del campo?...
¿Te acuerdas del sol yerto
y humilde, en la mañana,
que brilla y tiembla roto
sobre una fuente helada?...

---

[25] Poema descriptivo que despierta en el lector la sensación de muerte. Silva romance.
[26] *Amor:* Cupido, dios del amor.
[27] Poema sobre el amor que desaparece. Coplas heptasilábicas.

XXXV[28]

Al borde del sendero un día nos sentamos.
Ya nuestra vida es tiempo, y nuestra sola cuita
son las desesperantes posturas que tomamos
para aguardar... Mas Ella no faltará a la cita.

XLI*[29]

Me dijo una tarde
de la primavera:
Si buscas caminos
en flor en la tierra,
mata tus palabras
y oye tu alma vieja.
Que el mismo albo lino
que te vista, sea
tu traje de duelo,
tu traje de fiesta.
Ama tu alegría
y ama tu tristeza,
si buscas caminos
en flor en la tierra.
Respondí a la tarde
de la primavera:
Tú has dicho el secreto
que en mi alma reza:

---
[28] La espera de la muerte, a la que ya Rubén Darío denominaba "Ella". Serventesio de versos alejandrinos.
[29] En una tarde de primavera, el poeta quiere enterrar su "alma vieja". Romancillo.

yo odio la alegría
por odio a la pena.
Mas antes que pise
tu florida senda,
quisiera traerte
muerta mi alma vieja.

HUMORISMOS, FANTASÍAS, APUNTES

XLVIII[30]

Las moscas

Vosotras, las familiares,
inevitables golosas,
vosotras, moscas vulgares,
me evocáis todas las cosas.
¡Oh, viejas moscas voraces
como abejas en abril,
viejas moscas pertinaces
sobre mi calva infantil!
¡Moscas del primer hastío
en el salón familiar,
las claras tardes de estío
en que yo empecé a soñar!

---

[30] Poema de añoranza y recuerdo. Versos octosílabos y dos tetrasílabos que van formando cuartetas, redondillas, pareados, una quintilla con tres rimas seguidas y una sextilla.

Y en la aborrecida escuela,
raudas moscas divertidas,
perseguidas
por amor de lo que vuela,
 —que todo es volar—, sonoras,
rebotando en los cristales
en los días otoñales...
Moscas de todas las horas,
 de infancia y adolescencia,
de mi juventud dorada;
de esta segunda inocencia,
que da en no creer en nada,
 de siempre... Moscas vulgares,
que de puro familiares
no tendréis digno cantor:
yo sé que os habéis posado
 sobre el juguete encantado,
sobre el librote cerrado,
sobre la carta de amor,
sobre los párpados yertos
de los muertos.
 Inevitables golosas,
que ni labráis como abejas,
ni brilláis cual mariposas;
pequeñitas, revoltosas,
vosotras, amigas viejas,
me evocáis todas las cosas.

LIV[31]

Los sueños malos

Está la plaza sombría;
muere el día.
Suenan lejos las campanas.
 De balcones y ventanas
se iluminan las vidrieras,
con reflejos mortecinos,
como huesos blanquecinos
y borrosas calaveras[32].
 En toda la tarde brilla
una luz de pesadilla.
Está el sol en el ocaso.
Suena el eco de mi paso.
 —¿Eres tú? Ya te esperaba...
—No eras tú a quien yo buscaba.

LV[33]

Hastío

Pasan las horas de hastío
por la estancia familiar,
el amplio cuarto sombrío
donde yo empecé a soñar.

---

[31] En un paisaje simbólico, el poeta dialoga con la muerte. Pareadillos octosilábicos, con un verso de pie quebrado, entre los que hay una redondilla.
[32] El pesimismo del poeta le hace ver huesos y calaveras en vez del reflejo del sol en los cristales.
[33] De nuevo el recuerdo de la tarde melancólica que evoca el monótono paso del tiempo. Cuartetas y redondilla final de versos octosílabos.

Del reloj arrinconado,
que en la penumbra clarea,
el tic-tac acompasado
odiosamente golpea.
Dice la monotonía
del agua clara al caer:
un día es como otro día;
hoy es lo mismo que ayer.
Cae la tarde. El viento agita
el parque mustio y dorado...
¡Qué largamente ha llorado
toda la fronda marchita!

LIX[34]

Anoche cuando dormía
soñé, ¡bendita ilusión!,
que una fontana[35] fluía
dentro de mi corazón.
Di, ¿por qué acequia escondida,
agua, vienes hasta mí,
manantial de nueva vida
en donde nunca bebí?
Anoche cuando dormía
soñé, ¡bendita ilusión!,
que una colmena tenía
dentro de mi corazón;
y las doradas abejas
iban fabricando en él,

---
[34] Por medio de tres símbolos, que se explican al final, el poeta expresa sus más escondidas ansias, que sólo pueden tener realidad en el sueño. Cuartetas paralelísticas.
[35] *fontana*: fuente, manantial.

con las amarguras viejas,
blanca cera y dulce miel.

    Anoche cuando dormía
soñé, ¡bendita ilusión!,
que un ardiente sol lucía
dentro de mi corazón.
Era ardiente porque daba
calores de rojo hogar,
y era sol porque alumbraba
y porque hacía llorar.

    Anoche cuando dormía
soñé, ¡bendita ilusión!,
que era Dios lo que tenía
dentro de mi corazón.

LX[36]

    ¿Mi corazón se ha dormido?
Colmenares de mis sueños,
¿ya no labráis? ¿Está seca
la noria del pensamiento,
los cangilones vacíos,
girando, de sombra llenos?
    No, mi corazón no duerme.
Está despierto, despierto.
Ni duerme ni sueña, mira,
los claros ojos abiertos,
señas lejanas y escucha
a orillas del gran silencio.

---

[36] Muy relacionado con el anterior; pero ahora el poeta, despierto, sólo puede escuchar el silencio de Dios. Romance.

GALERÍAS[37]

LXII[38]

Desgarrada la nube; el arco iris
brillando ya en el cielo,
y en un fanal de lluvia
y sol el campo envuelto.
Desperté. ¿Quién enturbia
los mágicos cristales de mi sueño?
Mi corazón latía
atónito y disperso.
... ¡El limonar florido,
el cipresal del huerto,
el prado verde, el sol, el agua, el iris[39]...!,
¡el agua en tus cabellos!...
Y todo en la memoria se perdía
como una pompa de jabón al viento.

LXIV[40]

Desde el umbral de un sueño me llamaron...
Era la buena voz, la voz querida.
—Dime: ¿vendrás conmigo a ver el alma?...
Llegó a mi corazón una caricia.

---

[37] Conjunto de treinta y un poemas (hasta XCII) añadidos en la edición de 1907. En ellos, de la influencia del modernismo sólo queda el simbolismo. Estas galerías son los caminos escondidos del alma.
[38] La ilusión de la felicidad representada por el asombro ante la belleza de un día lluvioso. Silva romance.
[39] *iris:* el arco iris.
[40] El poeta siente una llamada interior a recorrer las galerías del alma. Romance heroico con el último verso dodecasílabo.

—Contigo siempre... Y avancé en mi sueño
por una larga, escueta galería,
sintiendo el roce de la veste[41] pura
y el palpitar suave de la mano amiga.

LXXII[42]

La casa tan querida
donde habitaba ella,
sobre un montón de escombros arruinada
o derruida, enseña
el negro y carcomido
maltrabado[43] esqueleto de madera.
La luna está vertiendo
su clara luz en sueños que platea
en las ventanas. Mal vestido y triste,
voy caminando por la calle vieja.

LXXVII[44]

Es una tarde cenicienta y mustia,
destartalada, como el alma mía;
y es esta vieja angustia
que habita mi usual hipocondría[45].
La causa de esta angustia no consigo
ni vagamente comprender siquiera;

---

[41] *veste:* poéticamente, vestidura.
[42] Tristeza del poeta por el ayer perdido. Silva romance.
[43] *maltrabado:* mal sujeto, que apenas se sostiene.
[44] El paisaje melancólico invita al poeta a reflexionar sobre su angustia. Silva romance.
[45] *hipocondría:* melancolía o tristeza permanente y enfermiza.

pero recuerdo y, recordando, digo:
—Sí, yo era niño, y tú, mi compañera.

*

Y no es verdad, dolor, yo te conozco,
tú eres nostalgia de la vida buena
y soledad de corazón sombrío,
de barco sin naufragio y sin estrella[46].
    Como perro olvidado que no tiene
huella ni olfato y yerra
por los caminos, sin camino, como
el niño que en la noche de una fiesta
    se pierde entre el gentío
y el aire polvoriento y las candelas
chispeantes[47], atónito, y asombra[48]
su corazón de música y de pena,
    así voy yo, borracho melancólico,
guitarrista lunático, poeta,
y pobre hombre en sueños,
siempre buscando a Dios entre la niebla.

LXXIX[49]

Desnuda está la tierra,
y el alma aúlla al horizonte pálido

---
[46] *sin estrella:* que ha perdido el rumbo, el norte.
[47] *candelas / chispeantes:* fuegos artificiales.
[48] *asombra:* sorprende y, a la vez, llena de sombras, es decir, entristece.
[49] Sobrecogedor poema sobre la angustia de la vida, donde todo se convierte en desolación y muerte. Silva romance.

como loba famélica. ¿Qué buscas,
poeta, en el ocaso?

Amargo caminar, porque el camino
pesa en el corazón. ¡El viento helado,
y la noche que llega, y la amargura
de la distancia!... En el camino blanco
algunos yertos árboles negrean;
en los montes lejanos
hay oro y sangre... El sol murió... ¿Qué buscas,
poeta, en el ocaso?

LXXXV[50]

La primavera besaba
suavemente la arboleda,
y el verde nuevo brotaba
como una verde humareda.

Las nubes iban pasando
sobre el campo juvenil...
Yo vi en las hojas temblando
las frescas lluvias de abril.

Bajo ese almendro florido,
todo cargado de flor,
—recordé—, yo he maldecido
mi juventud sin amor.

Hoy, en mitad de la vida,
me he parado a meditar...
¡Juventud nunca vivida,
quién te volviera a soñar!

---

[50] El paso del tiempo y la primavera hacen que el poeta se dé cuenta de su falta de amor. Cuartetas.

LXXXIX[51]

Y podrás conocerte, recordando
del pasado soñar los turbios lienzos,
en este día triste en que caminas
con los ojos abiertos.
De toda la memoria, sólo vale
el don preclaro de evocar los sueños.

VARIA

XCII[52]

Tournez, tournez, chevaux de bois.
VERLAINE[53]

Pegasos[54], lindos pegasos,
caballitos de madera.
....
Yo conocí, siendo niño,
la alegría de dar vueltas
sobre un corcel colorado,
en una noche de fiesta.
En el aire polvoriento
chispeaban las candelas[55],

---

[51] El consuelo actual del poeta parece ser conocerse por medio de las desdibujadas imágenes de los sueños antiguos. Silva romance.
[52] El poeta reflexiona sobre la facilidad de la alegría infantil al evocar el tiovivo. Romance.
[53] Paul Verlaine (1844-1896), escritor francés precursor de movimientos como el simbolismo. El verso completo dice: "Tournez, tournez, bons chevaux de bois", es decir: "Girad, girad, (buenos) caballos de madera".
[54] *Pegaso:* en la mitología, caballo alado.
[55] *candelas:* ver nota 47.

y la noche azul ardía
toda sembrada de estrellas.
   ¡Alegrías infantiles
que cuestan una moneda
de cobre, lindos pegasos,
caballitos de madera!

XCIV[56]

En medio de la plaza y sobre tosca piedra,
el agua brota y brota. En el cercano huerto
eleva, tras el muro ceñido por la hiedra,
alto ciprés la mancha de su ramaje yerto.
   La tarde está cayendo frente a los caserones
de la ancha plaza, en sueños. Relucen las vidrieras
con ecos mortecinos de sol. En los balcones
hay formas que parecen confusas calaveras[57].
   La calma es infinita en la desierta plaza,
donde pasea el alma su traza de alma en pena.
El agua brota y brota en la marmórea taza.
En todo el aire en sombra no más que el agua suena.

---

[56] Este poema se titula *Pesadilla* en todas las ediciones anteriores a 1936. Tres serventesios de versos alejandrinos.
[57] Ver nota 32.

XCVI[58]

Sol de invierno

Es mediodía. Un parque.
Invierno. Blancas sendas;
simétricos montículos
y ramas esqueléticas.

Bajo el invernadero,
naranjos en maceta,
y en su tonel, pintado
de verde, la palmera.

Un viejecillo dice,
para su capa vieja:
"¡El sol, esta hermosura
de sol!..."[59] Los niños juegan.

El agua de la fuente
resbala, corre y sueña
lamiendo, casi muda,
la verdinosa piedra.

---

[58] Otra vez el poeta ve el paso del tiempo en las cosas, sobre todo en la fuente. Romance endecha.
[59] Esta exclamación nos recuerda el último verso que escribió el poeta: "Estos días azules y este sol de la infancia".

Campos de Castilla (1907-1917)

Este libro se publicó en 1912 —poco antes de la muerte de Leonor—, y en la primera edición de *Poesías completas* (1917) se vio incrementado en 46 poemas y bastantes *proverbios y cantares*, casi todos escritos en Baeza y Madrid.

Los nuevos temas se encuentran en los cuadros de paisajes, la gente castellana y las meditaciones sobre España. La reflexión sobre España se hace desde posiciones críticas, en las que no falta el deseo esperanzado de un futuro mejor, que el poeta encomienda a la juventud.

Estos poemas tienen una estructura muy similar, cuyos componentes básicos son la conciencia inmediata del pasado, el rechazo del presente y una cautelosa esperanza en el futuro.

Inicia también Machado en este libro dos nuevos modos de poesía: el romance narrativo de tipo tradicional, con *La tierra de Alvargonzález*, y los *Proverbios y cantares*, parecidos a las sentencias y cantares populares por su tono y breve forma.

De los poemas añadidos —que en esta antología son los que no llevan asterisco junto al número—, los escritos tras la pérdida de Leonor son los que presentan la línea poética más interesante. En estas composiciones el poeta contiene su dolor, de manera que la intensidad del sentimiento se acrecienta hasta el máximo.

Por último, se incluye una serie de *Elogios* a diversos personajes del mundo de la cultura por los que Machado sentía verdadera admiración.

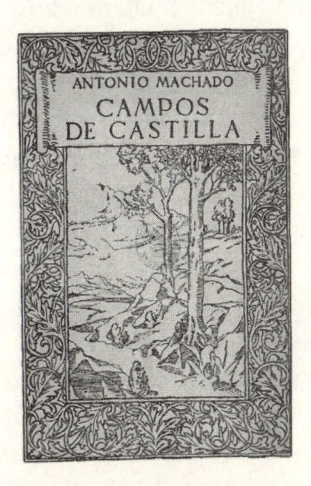

Portada de la edición de 1912 (Biblioteca Nacional, Madrid).

XCVII*[1]

Retrato[2]

Mi infancia son recuerdos de un patio de Sevilla,
y un huerto claro donde madura el limonero;

---
[1] Todos los poemas que llevan asterisco (*) pertenecen a la primera edición de 1912. Los demás se añadieron después de la muerte de Leonor.
[2] Además de retrato, es una declaración de la estética y ética del poeta. Versos alejandrinos que forman serventesios.

mi juventud, veinte años en tierra de Castilla;
mi historia, algunos casos que recordar no quiero.

    Ni un seductor Mañara, ni un Bradomín[3] he sido
—ya conocéis mi torpe aliño indumentario—,
mas recibí la flecha que me asignó Cupido,
y amé cuanto ellas pueden tener de hospitalario.

    Hay en mis venas gotas de sangre jacobina[4],
pero mi verso brota de manantial sereno;
y, más que un hombre al uso que sabe su doctrina,
soy, en el buen sentido de la palabra, bueno.

    Adoro la hermosura, y en la moderna estética
corté las viejas rosas del huerto de Ronsard[5];
mas no amo los afeites de la actual cosmética[6],
ni soy un ave de esas del nuevo gay-trinar[7].

    Desdeño las romanzas de los tenores huecos
y el coro de los grillos que cantan a la luna.
A distinguir me paro las voces de los ecos,
y escucho solamente, entre las voces, una.

    ¿Soy clásico o romántico? No sé. Dejar quisiera
mi verso, como deja el capitán su espada:
famosa por la mano viril que la blandiera,
no por el docto oficio del forjador preciada.

    Converso con el hombre que siempre va conmigo
—quien habla solo espera hablar a Dios un día—;

---

[3] Miguel de Mañara fue un legendario caballero, precedente del Tenorio. El marqués de Bradomín es el protagonista de *Las sonatas* de Valle-Inclán y, también, un don Juan, aunque "feo, católico y sentimental".
[4] *jacobina:* revolucionaria; los jacobinos fueron un grupo extremista durante la Revolución Francesa.
[5] Pierre de Ronsard (1524-1585), poeta francés del Renacimiento, muy estimado por los modernistas.
[6] *afeites de la actual cosmética:* adornos artificiosos de la moda, en este caso literaria.
[7] *gay-trinar:* juego de palabras sobre la expresión *gay-saber* o arte del verso de los trovadores provenzales. Se refiere al modernismo altisonante y de raíces francesas.

mi soliloquio es plática con este buen amigo
que me enseñó el secreto de la filantropía.

    Y al cabo, nada os debo; debeisme cuanto he escrito.
A mi trabajo acudo, con mi dinero pago
el traje que me cubre y la mansión que habito,
el pan que me alimenta y el lecho en donde yago.

    Y cuando llegue el día del último viaje,
y esté al partir la nave que nunca ha de tornar,
me encontraréis a bordo ligero de equipaje,
casi desnudo, como los hijos de la mar.

XCVIII*8

A orillas del Duero

    Mediaba el mes de julio. Era un hermoso día.
Yo, solo, por las quiebras del pedregal subía,
buscando los recodos de sombra, lentamente.
A trechos me paraba para enjugar mi frente
y dar algún respiro al pecho jadeante;
o bien, ahincando[9] el paso, el cuerpo hacia adelante
y hacia la mano diestra vencido y apoyado
en un bastón, a guisa de pastoril cayado,
trepaba por los cerros que habitan las rapaces
aves de altura, hollando las hierbas montaraces
de fuerte olor —romero, tomillo, salvia, espliego—.
Sobre los agrios campos caía un sol de fuego.

    Un buitre de anchas alas con majestuoso vuelo
cruzaba solitario el puro azul del cielo.

---
[8] La contemplación de un paisaje pobre lleva al poeta a una reflexión pesimista sobre el presente y el futuro de España. Pareados de versos alejandrinos.
[9] *ahincando:* apresurando, con afán, con esfuerzo.

Yo divisaba, lejos, un monte alto y agudo,
y una redonda loma cual recamado escudo
y cárdenos alcores sobre la parda tierra
—harapos esparcidos de un viejo arnés de guerra—,
las serrezuelas calvas por donde tuerce el Duero
para formar la corva ballesta de un arquero
en torno a Soria. —Soria es una barbacana[10],
hacia Aragón, que tiene la torre castellana—.
Veía el horizonte cerrado por colinas
obscuras, coronadas de robles y de encinas;
desnudos peñascales, algún humilde prado
donde el merino pace y el toro, arrodillado
sobre la hierba, rumia; las márgenes del río
lucir sus verdes álamos al claro sol de estío,
y, silenciosamente, lejanos pasajeros,
¡tan diminutos! —carros, jinetes y arrieros—
cruzar el largo puente, y bajo las arcadas
de piedra ensombrecerse las aguas plateadas
del Duero.

                El Duero cruza el corazón de roble
de Iberia y de Castilla.

                        ¡Oh, tierra triste y noble,
la de los altos llanos y yermos y roquedas,
de campos sin arados, regatos ni arboledas;
decrépitas ciudades, caminos sin mesones,
y atónitos palurdos sin danzas ni canciones
que aún van, abandonando el mortecino hogar,
como tus largos ríos, Castilla, hacia la mar!

    Castilla miserable, ayer dominadora,
envuelta en sus andrajos desprecia cuanto ignora.

---

[10] *barbacana:* aspillera o tronera, ventanita muy estrecha en el muro de una fortificación.

¿Espera, duerme o sueña? ¿La sangre derramada
recuerda, cuando tuvo la fiebre de la espada?
Todo se mueve, fluye, discurre, corre o gira;
cambian la mar y el monte y el ojo que los mira.
¿Pasó? Sobre sus campos aún el fantasma yerra
de un pueblo que ponía a Dios sobre la guerra.

    La madre en otro tiempo fecunda en capitanes,
madrastra es hoy apenas de humildes ganapanes[11].
Castilla no es aquella tan generosa un día,
cuando Myo Cid Rodrigo el de Vivar volvía,
ufano de su nueva fortuna y su opulencia,
a regalar a Alfonso los huertos de Valencia;
o que, tras la aventura que acreditó sus bríos,
pedía la conquista de los inmensos ríos
indianos a la corte, la madre de soldados,
guerreros y adalides que han de tornar, cargados
de plata y oro, a España, en regios galeones,
para la presa cuervos, para la lid leones.
Filósofos nutridos de sopa de convento[12]
contemplan impasibles el amplio firmamento;
y si les llega en sueños, como un rumor distante,
clamor de mercaderes de muelles de Levante,
no acudirán siquiera a preguntar: ¿qué pasa?
Y ya la guerra ha abierto las puertas de su casa.

    Castilla miserable, ayer dominadora,
envuelta en sus harapos desprecia cuanto ignora.

    El sol va declinando. De la ciudad lejana
me llega un armonioso tañido de campana

---

[11] *ganapanes:* pobres, que tienen que "ganarse el pan" con cualquier trabajo que se les ofrezca.
[12] *sopa de convento:* la que se daba diariamente a los pobres; *filósofos:* aquí, irónicamente, hombres que se pasan la vida mirando al cielo, sin reaccionar ante nada ni ganarse lo que comen.

—ya irán a su rosario las enlutadas viejas—.
De entre las peñas salen dos lindas comadrejas;
me miran y se alejan, huyendo, y aparecen
de nuevo ¡tan curiosas!... Los campos se obscurecen.
Hacia el camino blanco está el mesón abierto
al campo ensombrecido y al pedregal desierto.

CII[13]

Orillas del Duero

¡Primavera soriana, primavera
humilde, como el sueño de un bendito,
de un pobre caminante que durmiera
de cansancio en un páramo infinito!
¡Campillo amarillento,
como tosco sayal de campesina,
pradera de velludo[14] polvoriento
donde pace la escuálida merina!
¡Aquellos diminutos pegujales[15]
de tierra dura y fría,
donde apuntan centenos y trigales
que el pan moreno nos darán un día!
Y otra vez roca y roca, pedregales
desnudos y pelados serrijones[16],

---
[13] En este poema se repiten los elementos estructurales del anterior: la descripción, la narración y la reflexión. Silva de rima consonante que adopta diferentes formas.
[14] *velludo:* terciopelo o tejido aterciopelado; felpa.
[15] *pegujal:* pequeño terreno que se cede a un criado para que lo cultive por su cuenta.
[16] *serrijones:* pequeños terrenos montañosos.

la tierra de las águilas caudales,
malezas y jarales,
hierbas monteses, zarzas y cambrones[17].

¡Oh tierra ingrata y fuerte, tierra mía!
¡Castilla, tus decrépitas ciudades!
¡La agria melancolía
que puebla tus sombrías soledades!

¡Castilla varonil, adusta tierra,
Castilla del desdén contra la suerte,
Castilla del dolor y de la guerra,
tierra inmortal, Castilla de la muerte!

Era una tarde, cuando el campo huía
del sol, y en el asombro del planeta,
como un globo morado aparecía
la hermosa luna, amada del poeta.

En el cárdeno cielo violeta
alguna clara estrella fulguraba.
El aire ensombrecido
oreaba mis sienes, y acercaba
el murmullo del agua hasta mi oído.

Entre cerros de plomo y de ceniza
manchados de roídos encinares,
y entre calvas roquedas de caliza,
iba a embestir los ocho tajamares[18]
del puente el padre río,
que surca de Castilla el yermo frío.

¡Oh Duero, tu agua corre
y correrá mientras las nieves blancas
de enero el sol de mayo

---

[17] Todas estas plantas son variedades de arbustos.
[18] *tajamares:* añadidos en forma de ángulo que se colocan en los pilares del puente para "cortar" el agua.

haga fluir por hoces y barrancas,
mientras tengan las sierras su turbante
de nieve y de tormenta
y brille el olifante[19]
del sol, tras de la nube cenicienta!...
　　¿Y el viejo romancero
fue el sueño de un juglar junto a tu orilla?
¿Acaso como tú y por siempre, Duero,
irá corriendo hacia la mar Castilla?

CIV[20]

　　¿Eres tú, Guadarrama, viejo amigo,
la sierra gris y blanca,
la sierra de mis tardes madrileñas
que yo veía en el azul pintada?
　　Por tus barrancos hondos
y por tus cumbres agrias,
mil Guadarramas[21] y mil soles vienen,
cabalgando conmigo, a tus entrañas.

Camino de Balsaín, 1911.

---

[19] *olifante:* cuerno de marfil empleado por los guerreros medievales para comunicarse entre sí en las guerras o cacerías, particularmente el de Roldán.
[20] El poeta se asombra, se emociona ante el paisaje, y le habla. Silva romance.
[21] *Guadarramas:* con este segundo nombre se alude al río; con el primero, a la sierra.

CX*[22]

En tren

Yo, para todo viaje
—siempre sobre la madera
de mi vagón de tercera—,
voy ligero de equipaje.
Si es de noche, porque no
acostumbro a dormir yo,
y de día, por mirar
los arbolitos pasar,
yo nunca duermo en el tren,
y, sin embargo, voy bien.
¡Este placer de alejarse!
Londres, Madrid, Ponferrada,
tan lindos... para marcharse.
Lo molesto es la llegada.
Luego, el tren, al caminar,
siempre nos hace soñar;
y casi, casi olvidamos
el jamelgo que montamos.
¡Oh, el pollino
que sabe bien el camino!
¿Dónde estamos?
¿Dónde todos nos bajamos?
¡Frente a mí va una monjita
tan bonita!
Tiene esa expresión serena
que a la pena

---

[22] El poeta evoca en tono irónico uno de sus viajes en tren. El traqueteo se imita mediante octosílabos con algunos versos más cortos (pies quebrados).

da una esperanza infinita.
Y yo pienso: Tú eres buena;
porque diste tus amores
a Jesús; porque no quieres
ser madre de pecadores.
Mas tú eres
maternal,
bendita entre las mujeres,
madrecita virginal.
Algo en tu rostro es divino
bajo tus cofias de lino.
Tus mejillas
—esas rosas amarillas—
fueron rosadas, y, luego,
ardió en tus entrañas fuego;
y hoy, esposa de la Cruz,
ya eres luz, y sólo luz...
¡Todas las mujeres bellas
fueran, como tú, doncellas
en un convento a encerrarse!...
Y la niña que yo quiero,
¡ay! ¡preferirá casarse
con un mocito barbero[23]!
El tren camina y camina,
y la máquina resuella,
y tose con tos ferina.
¡Vamos en una centella!

---

[23] Referencia a un empleado de la barbería del tío de Leonor, del que, al parecer, sintió celos nuestro autor.

CXI*[24]

Noche de verano

Es una hermosa noche de verano.
Tienen las altas casas
abiertos los balcones
del viejo pueblo a la anchurosa plaza.
En el amplio rectángulo desierto,
bancos de piedra, evónimos[25] y acacias
simétricos dibujan
sus negras sombras en la arena blanca.
En el cenit, la luna, y en la torre,
la esfera del reloj iluminada.
Yo en este viejo pueblo paseando
solo, como un fantasma.

CXIII*

Campos de Soria

I[26]

Es la tierra de Soria árida y fría.
Por las colinas y las sierras calvas,
verdes pradillos, cerros cenicientos,
la primavera pasa

---

[24] Por encima de la descripción destaca la sensación de soledad del poeta. Silva romance.
[25] *evónimos:* arbustos que suelen utilizarse para formar setos.
[26] El comienzo tímido de la primavera. Silva romance.

dejando entre las hierbas olorosas
sus diminutas margaritas blancas.
   La tierra no revive, el campo sueña.
Al empezar abril está nevada
la espalda del Moncayo;
el caminante lleva en su bufanda
envueltos cuello y boca, y los pastores
pasan cubiertos con sus luengas[27] capas.

II[28]

   Las tierras labrantías,
como retazos de estameñas pardas,
el huertecillo, el abejar[29], los trozos
de verde obscuro en que el merino pasta,
entre plomizos peñascales, siembran
el sueño alegre de infantil Arcadia[30].
En los chopos lejanos del camino,
parecen humear las yertas ramas
como un glauco vapor —las nuevas hojas—
y en las quiebras de valles y barrancas
blanquean los zarzales florecidos,
y brotan las violetas perfumadas.

---

[27] *luengas:* largas; es arcaísmo.
[28] La primavera. Silva romance.
[29] *abejar:* conjunto de colmenas.
[30] *Arcadia:* región griega cuyo nombre se ha usado como símbolo de paraíso, tierra feliz y, a veces, perdida.

III[31]

Es el campo undulado, y los caminos
ya ocultan los viajeros que cabalgan
en pardos borriquillos,
ya al fondo de la tarde arrebolada
elevan las plebeyas figurillas,
que el lienzo de oro del ocaso manchan.
Mas si trepáis a un cerro y veis el campo
desde los picos donde habita el águila,
son tornasoles de carmín y acero,
llanos plomizos, lomas plateadas,
circuidos[32] por montes de violeta,
con las cumbres de nieve sonrosada.

IV[33]

¡Las figuras del campo sobre el cielo!
Dos lentos bueyes aran
en un alcor, cuando el otoño empieza,
y entre las negras testas doblegadas[34]
bajo el pesado yugo,
pende un cesto de juncos y retama,
que es la cuna de un niño;
y tras la yunta marcha
un hombre que se inclina hacia la tierra,

---

[31] Puede ser un atardecer de comienzos del verano. Silva romance.
[32] *circuidos:* rodeados; es palabra poco usual.
[33] Los labriegos son protagonistas del poema junto con la luz del otoño. Silva romance.
[34] *testas doblegadas:* cabezas sometidas, humilladas.

y una mujer que en las abiertas zanjas
arroja la semilla.
Bajo una nube de carmín y llama,
en el oro fluido y verdinoso
del poniente, las sombras se agigantan.

V[35]

La nieve. En el mesón al campo abierto
se ve el hogar donde la leña humea
y la olla al hervir borbollonea.
El cierzo corre por el campo yerto,
alborotando en blancos torbellinos
la nieve silenciosa.
La nieve sobre el campo y los caminos,
cayendo está como sobre una fosa.
Un viejo acurrucado tiembla y tose
cerca del fuego; su mechón de lana
la vieja hila, y una niña cose
verde ribete a su estameña grana.
Padres los viejos son de un arriero
que caminó sobre la blanca tierra,
y una noche perdió ruta y sendero,
y se enterró en las nieves de la sierra.
En torno al fuego hay un lugar vacío,
y en la frente del viejo, de hosco ceño,
como un tachón sombrío
—tal el golpe de un hacha sobre un leño—.
La vieja mira al campo, cual si oyera
pasos sobre la nieve. Nadie pasa.

---

[35] El invierno, la soledad, la añoranza del hijo y la esperanza. Silva.

Desierta la vecina carretera,
desierto el campo en torno de la casa.
La niña piensa que en los verdes prados
ha de correr con otras doncellitas
en los días azules y dorados,
cuando crecen las blancas margaritas.

VI[36]

¡Soria fría, *Soria pura,*
cabeza de Extremadura[37],
con su castillo guerrero
arruinado, sobre el Duero;
con sus murallas roídas
y sus casas denegridas!
¡Muerta ciudad de señores
soldados o cazadores;
de portales con escudos
de cien linajes hidalgos,
y de famélicos galgos,
de galgos flacos y agudos,
que pululan
por las sórdidas callejas,
y a la media noche ululan,
cuando graznan las cornejas!
¡Soria fría! La campana
de la Audiencia da la una.

---
[36] En este nocturno de Soria predominan las ruinas, la soledad y la melancolía. Octosílabos con un verso quebrado formando cuatro pareados, una redondilla y dos cuartetas.
[37] Leyenda del escudo de Soria. *Extremadura* es la "frontera" con los árabes, no la región.

Soria, ciudad castellana
¡tan bella! bajo la luna.

VII[38]

¡Colinas plateadas,
grises alcores, cárdenas roquedas
por donde traza el Duero
su curva de ballesta
en torno a Soria, obscuros encinares,
ariscos pedregales, calvas sierras,
caminos blancos y álamos del río,
tardes de Soria, mística y guerrera,
hoy siento por vosotros, en el fondo
del corazón, tristeza,
tristeza que es amor! ¡Campos de Soria
donde parece que las rocas sueñan,
conmigo vais! ¡Colinas plateadas,
grises alcores, cárdenas roquedas!...

VIII

He vuelto a ver los álamos dorados,
álamos del camino en la ribera
del Duero, entre San Polo y San Saturio[39],
tras las murallas viejas

---

[38] El poeta se despide de Soria y se lleva su emocionado recuerdo. *Conmigo vais* es el elemento de unión entre estos tres últimos fragmentos, compuestos en silva romance.

[39] *San Polo y San Saturio:* ermitas que abren y cierran el bello paseo soriano a orillas del Duero.

de Soria —barbacana[40]
hacia Aragón, en castellana tierra—.
   Estos chopos del río, que acompañan
con el sonido de sus hojas secas
el son del agua, cuando el viento sopla,
tienen en sus cortezas
grabadas iniciales que son nombres
de enamorados, cifras que son fechas.
¡Álamos del amor que ayer tuvisteis
de ruiseñores vuestras ramas llenas;
álamos que seréis mañana liras[41]
del viento perfumado en primavera;
álamos del amor cerca del agua
que corre y pasa y sueña,
álamos de las márgenes del Duero,
conmigo vais, mi corazón os lleva!

Paseo por la orilla del río Duero.

---
[40] *barbacana:* aquí, torre adelantada de la muralla.
[41] *lira:* instrumento de cuerda de sonido muy armonioso. La metáfora alude a la forma de las hojas y al sonido que de ellas extrae el viento.

IX

¡Oh!, sí, conmigo vais, campos de Soria,
tardes tranquilas, montes de violeta,
alamedas del río, verde sueño
del suelo gris y de la parda tierra,
agria melancolía
de la ciudad decrépita,
me habéis llegado al alma,
¿o acaso estabais en el fondo de ella?
¡Gentes del alto llano numantino[42]
que a Dios guardáis como cristianas viejas,
que el sol de España os llene
de alegría, de luz y de riqueza!

S XXV[43]

La tierra de Alvargonzález

Una mañana de los primeros días de octubre decidí visitar la fuente del Duero y tomé en Soria el coche de Burgos que había de llevarme hasta Cidones. Me acomodé en la delantera, cerca del mayoral[44] y entre dos viajeros: un indiano[45] que tornaba de Méjico a su aldea natal, escondida en tierra de pinares, y un viejo campesino que venía de Barcelona, donde embarcara a dos de

---

[42] *numantino:* de Numancia, cuyas ruinas están muy cerca de Soria.
[43] Esta narración en prosa no se incluyó en *Campos de Castilla*, aunque ya en 1912 se publicó en la revista *Mundial Magazine*. Hemos intercalado los fragmentos del romance (que lleva el número CXIV* en *Campos de Castilla*) para tener una muestra de ambos géneros.
[44] *mayoral:* cochero de las diligencias.
[45] *indiano:* emigrante que vuelve, generalmente enriquecido, de América.

sus hijos para el Plata[46]. No cruzaréis la alta estepa de Castilla sin encontrar gentes que os hablen de Ultramar.

Tomamos la ancha carretera de Burgos, dejando a nuestra izquierda el camino de Osma, bordeado de chopos que el otoño comenzaba a dorar. Soria quedaba a nuestra espalda entre grises colinas y cerros pelados. Soria, mística y guerrera, guardaba antaño la puerta de Castilla como una barbacana hacia los reinos moros que cruzó el Cid en su destierro. El Duero, en torno a Soria, forma una curva de ballesta. Nosotros llevábamos la dirección del venablo.

El indiano me hablaba de Veracruz, mas yo escuchaba al campesino que discutía con el mayoral sobre un crimen reciente. En los pinares de Durcieelo[47], una joven vaquera había aparecido cosida a puñaladas y violada después de muerta. El campesino acusaba a un rico ganadero de Valdeavellano, preso por indicios en la cárcel de Soria, como autor indudable de tan bárbara fechoría, y desconfiaba de la justicia porque la víctima era pobre. En las pequeñas ciudades las gentes se apasionan del juego y de la política como en las grandes del arte y de la pornografía —ocios de mercaderes—, pero en los campos sólo interesan las labores que reclaman la tierra y los crímenes de los hombres.

—¿Va usted muy lejos? —pregunté al campesino.

—A Covaleda, señor —me respondió—. ¿Y usted?

—El mismo camino llevo, porque pienso subir a Urbión y tomaré el valle del Duero. A la vuelta bajaré a Vinuesa por el puerto de Santa Inés.

---

[46] *el Plata:* Argentina.
[47] *Durcieelo:* ligera variación literaria del pueblo de Duruelo. El suceso que se narra tiene una base real.

—Mal tiempo para subir a Urbión. Dios le libre de una tormenta por aquella sierra.

Llegados a Cidones, nos apeamos el campesino y yo, despidiéndonos del indiano que continuaba su viaje en la diligencia hasta San Leonardo, y emprendimos en sendas caballerías el camino de Vinuesa.

Siempre que trato con hombres del campo pienso en lo mucho que ellos saben y nosotros ignoramos, y en lo poco que a ellos importa conocer cuanto nosotros sabemos.

El campesino cabalgaba delante de mí, silencioso. El hombre de aquellas tierras, serio y taciturno, habla cuando se le interroga, y es sobrio en la respuesta. Cuando la pregunta es tal que pudiera excusarse, apenas se digna contestar. Sólo se extiende en advertencias útiles sobre las cosas que conoce bien o cuando narra historias de la tierra.

Volví los ojos al pueblecillo que dejábamos a nuestra espalda. La iglesia, con su alto campanario coronado por un hermoso nido de cigüeñas, descuella sobre unas cuantas casuchas de tierra. Hacia el camino real destácase la casa de un indiano, contrastando con el sórdido caserío. Es un hotelito[48] moderno y mundano, rodeado de jardín y verja. Frente al pueblo se extiende una calva serrezuela de rocas grises surcadas de grietas rojizas.

Después de cabalgar dos horas llegamos a la Muedra, una aldea a medio camino entre Cidones y Vinuesa, y a pocos pasos cruzamos un puente de madera sobre el Duero.

---

[48] *hotelito:* casita aislada y con jardín. Hoy se ha impuesto el galicismo *chalet*.

—Por aquel sendero —me dijo el campesino, señalando a su diestra—, se va a las tierras de Alvargonzález; campos malditos hoy; los mejores, antaño, de esta comarca.

—¿Alvargonzález es el nombre de su dueño? —le pregunté.

—Alvargonzález —me respondió— fue un rico labrador; mas nadie lleva ese nombre por estos contornos. La aldea donde vivió se llama como él se llamaba: Alvargonzález, y tierras de Alvargonzález a los páramos que la rodean. Tomando esa vereda llegaríamos allá antes que a Vinuesa por este camino. Los lobos, en invierno, cuando el hambre les echa de los bosques, cruzan esa aldea y se les oye aullar al pasar por las majadas que fueron de Alvargonzález, hoy vacías y arruinadas.

Siendo niño, oí contar a un pastor la historia de Alvargonzález, y sé que anda inscrita en papeles y que los ciegos la cantan por tierras de Berlanga.

Roguele que me narrase aquella historia, y el campesino comenzó así su relato:

1   Siendo mozo Alvargonzález,
dueño de mediana hacienda,
que en otras tierras se dice
bienestar y aquí, opulencia,
5   en la feria de Berlanga
prendose de una doncella,
y la tomó por mujer
al año de conocerla.
Muy ricas las bodas fueron,
10   y quien las vio las recuerda;
sonadas las tornabodas
que hizo Alvar en su aldea;

    hubo gaitas, tamboriles,
    flauta, bandurria y vihuela,
15   fuegos a la valenciana
    y danza a la aragonesa.

 Vivió feliz Alvargonzález con el amor de su esposa y el medro[49] de sus tierras y ganados. Tres hijos tuvo, y, ya crecidos, puso el mayor a cuidar huerta y abejar, otro al ganado, y mandó al menor a estudiar en Osma, porque lo destinaba a la iglesia.

25   Mucha sangre de Caín[50]
    tiene la gente labriega,
    y en el hogar campesino
    armó la envidia pelea.
     Casáronse los mayores;
30   tuvo Alvargonzález nueras,
    que le trajeron cizaña,
    antes que nietos le dieran.
     La codicia de los campos
    ve tras la muerte la herencia;
35   no goza de lo que tiene
    por ansia de lo que espera.
     El menor, que a los latines
    prefería las doncellas
    hermosas y no gustaba
40   de vestir por la cabeza[51],
    colgó la sotana un día
    y partió a lejanas tierras.

---

[49] *medro:* mejora, prosperidad.
[50] *Caín:* personaje bíblico, asesino de su hermano Abel.
[51] No le gustaba ponerse la sotana, que se viste por la cabeza.

La madre lloró; y el padre
diole bendición y herencia.

—Toma lo tuyo, hijo mío, y que Dios te acompañe. Sigue tu idea y sabe que mientras tu padre viva, pan y lecho tienes en esta casa; pero a mi muerte, todo será de tus hermanos.

Ya tenía Alvargonzález la frente arrugada, y por la barba le plateaba el bozo azul de la cara. Eran sus hombros todavía robustos y erguida su cabeza, que sólo blanqueaba en las sienes.

Una mañana de otoño salió solo de su casa; no iba como otras veces, entre sus finos galgos, terciada[52] a la espalda la escopeta. No llevaba arreo de cazador ni pensaba en cazar. Largo camino anduvo bajo los álamos amarillos de la ribera, cruzó el encinar y, junto a una fuente que un olmo gigantesco sombreaba, detúvose fatigado. Enjugó el sudor de su frente, bebió algunos sorbos de agua y acostose en la tierra.

Y a solas hablaba con Dios Alvargonzález, diciendo: "Dios, mi señor, que colmaste[53] las tierras que labran mis manos, a quien debo pan en mi mesa, mujer en mi lecho y por quien crecieron robustos los hijos que engendré, por quien mis majadas rebosan de blancas merinas y se cargan de fruto los árboles de mi huerto y tienen miel las colmenas de mi abejar; sabe, Dios mío, que sé cuánto me has dado, antes que me lo quites".

Se fue quedando dormido mientras así rezaba; porque la sombra de las ramas y el agua que brotaba la piedra, parecían decirle: "Duerme y descansa".

---

[52] *terciada:* puesta en diagonal, atravesada.
[53] *colmaste:* llenaste (de fruto).

Y durmió Alvargonzález, pero su ánimo no había de reposar porque los sueños aborrascan el dormir del hombre.

> Y Alvargonzález veía,
> como Jacob[54], una escala
> que iba de la tierra al cielo,
> y oyó una voz que le hablaba.
> 65 Mas las hadas hilanderas,
> entre las vedijas blancas
> y vellones[55] de oro, han puesto
> un mechón de negra lana.

Difícil es interpretar los sueños que desatan el haz de nuestros propósitos para mezclarlos con recuerdos y temores. Muchos creen adivinar lo que ha de venir estudiando los sueños. Casi siempre yerran, pero alguna vez aciertan. En los sueños malos, que apesadumbran el corazón del durmiente, no es difícil acertar. Son estos sueños memorias de lo pasado, que teje y confunde la mano torpe y temblorosa de un personaje invisible: el miedo.

Soñaba Alvargonzález en su niñez. La alegre fogata del hogar, bajo la ancha y negra campana de la cocina y en torno al fuego, sus padres y sus hermanos. Las nudosas manos del viejo acariciaban la rubia candela. La madre pasaba las cuentas de un negro rosario. En la pared ahumada colgaba el hacha reluciente, con que el viejo hacía leña de las ramas de roble.

---

[54] *Jacob:* personaje del Antiguo Testamento; en sueños vio una escala por la que subían y bajaban ángeles, y oyó la voz de Dios que le prometía numerosa descendencia.

[55] *vedijas:* mechones, porciones de lana; *vellones:* toda la lana que se esquila de un carnero u oveja.

Seguía soñando Alvargonzález, y era en sus mejores días de mozo. Una tarde de verano y un prado verde tras los muros de una huerta. A la sombra, y sobre la hierba, cuando el sol caía, tiñendo de luz anaranjada las copas de los castaños, Alvargonzález levantaba el odre de cuero y el vino rojo caía en su boca, refrescándole la seca garganta. En torno suyo estaba la familia de Peribáñez: los padres y las tres lindas hermanas. De las ramas de la huerta y de la hierba del prado se elevaba una armonía de oro y cristal, como si las estrellas cantasen en la tierra antes de aparecer dispersas en el cielo silencioso. Caía la tarde y sobre el pinar obscuro aparecía, dorada y jadeante, la luna llena, la hermosa luna del amor, sobre el campo tranquilo.

Como si las hadas que hilan y tejen los sueños hubiesen puesto en sus ruecas un mechón de negra lana, ensombrecióse el soñar de Alvargonzález, y una puerta dorada abriose lastimando el corazón del durmiente.

Y apareció un hueco sombrío y al fondo, por tenue claridad iluminado, el hogar desierto y sin leña. En la pared colgaba de una escarpia el hacha bruñida y reluciente.

El sueño abriose al día claro. Tres niños juegan a la puerta de la casa. La mujer vigila, cose, y a ratos sonríe. Entre los mayores brinca un cuervo negro y lustroso de ojo acerado.

—Hijos, ¿qué hacéis? —les pregunta.

Los niños se miran y callan.

—Subid al monte, hijos míos, y antes que caiga la noche, traedme un brazado de leña.

Los tres niños se alejan. El menor, que ha quedado atrás, vuelve la cara y su madre lo llama. El niño vuelve hacia la casa y los hermanos siguen su camino hacia el encinar.

Y es otra vez el hogar, el hogar apagado y desierto, y en el muro colgaba el hacha reluciente.

Los mayores de Alvargonzález vuelven del monte con la tarde, cargados de estepas[56]. La madre enciende el candil y el mayor arroja astillas y jaras sobre el tronco de roble, y quiere hacer el fuego en el hogar. Cruje la leña, y los tueros[57], apenas encendidos, se apagan. No brota la llama en el lar[58] de Alvargonzález. A la luz del candil brilla el hacha en el muro, y esta vez parece que gotea sangre.

91   Acude el menor, y enciende,
bajo la negra campana
de la cocina, una hoguera
que alumbra toda la casa.

95   Alvargonzález levanta
en brazos al más pequeño
y en sus rodillas lo sienta:
—Tus manos hacen el fuego;
aunque el último naciste
100 tú eres en mi amor primero.
     Los dos mayores se alejan
por los rincones del sueño.
Entre los dos fugitivos
reluce un hacha de hierro.

Junto a la fuente dormía Alvargonzález, cuando el primer lucero brillaba en el azul, y una enorme luna teñida de púrpura se asomaba al campo ensombrecido. El

---

[56] *estepas:* jaras, plantas resinosas buenas para el fuego.
[57] *tueros:* troncos gruesos que se ponen en el hogar para mantener el fuego.
[58] *lar:* fogón, hogar.

agua que brotaba en la piedra parecía relatar una historia vieja y triste: la historia del crimen del campo.

Los hijos de Alvargonzález caminaban silenciosos, y vieron al padre dormido junto a la fuente. Las sombras que alargaban la tarde llegaron al durmiente antes que los asesinos. La frente de Alvargonzález tenía un tachón sombrío entre las cejas, como la huella de una segur[59] sobre el tronco de un roble. Soñaba Alvargonzález que sus hijos venían a matarle, y al abrir los ojos vio que era cierto lo que soñaba.

Mala muerte dieron al labrador, los malos hijos, a la vera de la fuente. Un hachazo en el cuello y cuatro puñaladas en el pecho pusieron fin al sueño de Alvargonzález. El hacha que tenían de sus abuelos y que tanta leña cortó para el hogar, tajó el robusto cuello que los años no habían doblado todavía, y el cuchillo con que el buen padre cortaba el pan moreno que repartía a los suyos en torno a la mesa, hendido había el más noble corazón de aquella tierra. Porque Alvargonzález era bueno para su casa, pero era también mucha su caridad en la casa del pobre. Como padre habían de llorarle cuantos llamaron a su puerta, o alguna vez le vieron en los umbrales de las suyas.

Los hijos de Alvargonzález no saben lo que han hecho. Al padre muerto arrastran hacia un barranco por donde corre un río que busca al Duero. Es un valle sombrío lleno de helechos, hayedos y pinares.

Y lo llevan a la Laguna Negra[60], que no tiene fondo, y allí lo arrojan con una piedra atada a los pies. La laguna está rodeada de una muralla gigantesca de rocas

---
[59] *segur:* hacha.
[60] *Laguna Negra:* laguna de montaña, junto a Duruelo.

grises y verdosas, donde anidan las águilas y los buitres. Las gentes de la sierra en aquellos tiempos no osaban acercarse a la laguna ni aun en los días claros. Los viajeros que, como usted, visitan estos lugares han hecho que se les pierda el miedo.

Los hijos de Alvargonzález tornaban por el valle, entre los pinos gigantescos y las hayas decrépitas. No oían el agua que sonaba en el fondo del barranco. Dos lobos asomaron, al verles pasar. Los lobos huyeron espantados. Fueron a cruzar el río, y el río tomó por otro cauce, y en seco lo pasaron. Caminaban por el bosque para tornar a su aldea con la noche cerrada, y los pinos, las rocas y los helechos por todas partes les dejaban vereda como si huyesen de los asesinos. Pasaron otra vez junto a la fuente, y la fuente, que contaba su vieja historia, calló mientras pasaban, y aguardó a que se alejasen para seguir contándola.

   Se encontró junto a la fuente
140 la manta de Alvargonzález,
   y, camino del hayedo,
   se vio un reguero de sangre.
   Nadie de la aldea ha osado
   a la laguna acercarse,
145 y el sondarla[61] inútil fuera,
   que es la laguna insondable.
   Un buhonero, que cruzaba
   aquellas tierras errante,
   fue en Dauria acusado, preso
150 y muerto en garrote infame[62].

---

[61] *sondarla:* medir su profundidad por medio de la sonda o cuerda con un peso en el extremo.
[62] *garrote infame:* garrote vil, método de ajusticiamiento en que se comprime la garganta hasta la asfixia.

        Pasados algunos meses,
        la madre murió de pena.
        Los que muerta la encontraron
        dicen que las manos yertas
155   sobre su rostro tenía,
        oculto el rostro con ellas.

        Los hijos de Alvargonzález
        ya tienen majada y huerta,
        campos de trigo y centeno
160   y prados de fina hierba;
        en el olmo viejo, hendido
        por el rayo, la colmena,
        dos yuntas para el arado,
        un mastín y mil ovejas.

*

El sol de primavera iluminaba el campo verde, y las cigüeñas sacaban a volar a sus hijuelos en el azul de los primeros días de mayo. Crotoraban las codornices entre los trigos jóvenes; verdeaban los álamos del camino y de las riberas, y los ciruelos del huerto se llenaban de blancas flores. Sonreían las tierras de Alvargonzález a sus nuevos amos, y prometían cuanto habían rendido al viejo labrador.

Fue un año de abundancia en aquellos campos. Los hijos de Alvargonzález comenzaron a descargarse del peso de su crimen, porque a los malvados muerde la culpa cuando temen al castigo de Dios o de los hombres; pero si la fortuna ayuda y huye el temor, comen su pan alegremente, como si estuviera bendito.

191   Los hijos de Alvargonzález,
por una empinada senda,
para tomar el camino
de Salduero a Covaleda,
195 cabalgan en pardas mulas,
bajo el pinar de Vinuesa.
Van en busca de ganado
con que volver a su aldea,
y por tierra de pinares
200 larga jornada comienzan.
Van Duero arriba, dejando
atrás los arcos de piedra
del puente y el caserío
de la ociosa y opulenta
205 villa de indianos. El río,
al fondo del valle, suena,
y de las cabalgaduras
los cascos baten las piedras.
A la otra orilla del Duero
210 canta una voz lastimera:
"La tierra de Alvargonzález
se colmará de riqueza,
y el que la tierra ha labrado
no duerme bajo la tierra".

Mas la codicia tiene garras para coger, pero no tiene manos para labrar. Cuando llegó el verano siguiente, la tierra empobrecida parecía fruncir el ceño a sus señores. Entre los trigos había más amapolas y hierbajos que rubias espigas. Heladas tardías habían matado en flor los frutos de la huerta. Las ovejas morían por docenas porque una vieja, a quien se tenía por bruja, les hizo mala hechicería. Y si un año era malo, otro peor le seguía. Aquellos campos estaban malditos, y los Alvargonzález venían tan a menos, como iban a más querellas y enconos entre las mujeres. Cada uno de los hermanos tuvo dos hijos que no pudieron lograrse porque el odio había envenenado la leche de las madres.

Una noche de invierno, ambos hermanos y sus mujeres rodeaban el hogar, donde ardía un fuego mezquino que se iba extinguiendo poco a poco. No tenían leña, ni podían buscarla a aquellas horas. Un viento helado penetraba por las rendijas del postigo, y se le oía bramar en la chimenea. Fuera, caía la nieve en torbellinos.

    Los dos hermanos oyeron
    una aldabada a la puerta,
345 y de una cabalgadura
    los cascos sobre las piedras.
    Ambos los ojos alzaron
    llenos de espanto y sorpresa.
    —¿Quién es? Responda —gritaron.
350 —Miguel —respondieron fuera.
    Era la voz del viajero
    que partió a lejanas tierras.
    Abierto el portón, entrose
    a caballo el caballero
355 y echó pie a tierra. Venía
    todo de nieve cubierto.
    En brazos de sus hermanos
    lloró algún rato en silencio.
    Después dio el caballo al uno,
360 al otro, capa y sombrero,
    y en la estancia campesina
    buscó el arrimo del fuego.

Miguel, que abandonó su casa siendo niño, tornaba hombre y rico. Sabía las desgracias de su hogar, mas no sospechaba de sus hermanos. Era su porte, caballero. La tez morena, algo quemada, y el rostro enjuto, porque las tierras de Ultramar dejan siempre huella, pero en la mirada de sus grandes ojos brillaba la juventud. Sobre la frente, ancha y tersa, su cabello castaño caía en finos bucles. Era el más bello de los tres hermanos, porque al mayor le afeaba el rostro lo espeso de las cejas velludas bajo la estrecha frente, y al segundo, los ojos pequeños, inquietos y cobardes, de hombre astuto y cruel.

Mientras Miguel permanecía mudo y abstraído, sus hermanos le miraban al pecho, donde brillaba una gruesa cadena de oro.

El mayor rompió el silencio, y dijo:

—¿Vivirás con nosotros?

—Si queréis —contestó Miguel—. Mi equipaje llegará mañana.

—Unos suben y otros bajan —añadió el segundo—. Tú traes oro y nosotros, ya ves, ni leña tenemos para calentarnos.

El viento batía la puerta y el postigo, y aullaba en la chimenea. El frío era tan grande, que estremecía los huesos.

    Los tres hermanos contemplan
el triste hogar en silencio;
y con la noche cerrada
arrecia el frío y el viento.
395 —Hermanos, ¿no tenéis leña?,
—dice Miguel.
          —No tenemos,
—responde el mayor.

               Un hombre,
       milagrosamente, ha abierto
       la gruesa puerta cerrada
400   con doble barra de hierro.
       El hombre que ha entrado tiene
       el rostro del padre muerto.
       Un halo de luz dorada
       orla sus blancos cabellos.
405   Lleva un haz de leña al hombro
       y empuña un hacha de hierro.

Fortuna traía Miguel de las Américas, aunque no tanta como soñara la codicia de sus hermanos. Decidió afincar en aquella aldea donde había nacido, mas como sabía que toda la hacienda era de sus hermanos, les compró una parte, dándoles por ella mucho más oro del que nunca había valido. Cerrose el trato, Miguel comenzó a labrar en las tierras malditas.

El oro devolvió la alegría al corazón de los malvados. Gastaron sin tino en el regalo y el vicio, y tanto mermaron su ganancia, que al año volvieron a cultivar la tierra abandonada.

Miguel trabajaba de sol a sol. Removió la tierra con el arado, limpiola de malas hierbas, sembró trigo y centeno, y mientras los campos de sus hermanos parecían desmedrados y secos, los suyos se colmaron de rubias y macizas espigas. Sus hermanos le miraban con odio y con envidia. Miguel les ofreció el oro que le quedaba a cambio de las tierras malditas.

Las tierras de Alvargonzález eran ya de Miguel, y a ellas tornaba la abundancia de los tiempos del viejo labrador. Los mayores gastaban su dinero en locas francachelas. El juego y el vino llevábanles otra vez a la ruina.

Una noche volvían borrachos a su aldea, porque habían pasado el día bebiendo y festejando en una feria cercana. Llevaba el mayor el ceño fruncido y un pensamiento feroz bajo la frente.

—¿Cómo te explicas tú la suerte de Miguel? —dijo a su hermano—. La tierra le colma de riquezas, y a nosotros nos niega un pedazo de pan.

—Brujería y artes de Satanás —contestó el segundo.

Pasaban cerca de la huerta, y se les ocurrió asomarse a la tapia. La huerta estaba cuajada de frutos. Bajo los árboles, y entre los rosales, divisaron un hombre encorvado hacia la tierra.

—Mírale —dijo el mayor—. Hasta de noche trabaja.

—¡Eh, Miguel! —le gritaron.

Pero el hombre aquel no volvía la cara. Seguía trabajando en la tierra, cortando ramas o arrancando hierbas. Los dos atónitos borrachos achacaron al vino, que les aborrascaba la cabeza, el cerco de luz que parecía rodear la figura del hortelano. Después, el hombre se levantó y avanzó hacia ellos sin mirarles, como si buscase otro rincón del huerto para seguir trabajando. Aquel hombre tenía el rostro del viejo labrador. ¡De la laguna sin fondo había salido Alvargonzález para labrar el huerto de Miguel!

Al día siguiente, ambos hermanos recordaban haber bebido mucho vino y visto cosas raras en su borrachera. Y siguieron gastando su dinero hasta perder la última moneda. Miguel labraba sus tierras, y Dios le colmaba de riqueza.

Los mayores volvieron a sentir en sus venas la sangre de Caín, y el recuerdo del crimen les azuzaba al crimen.

Decidieron matar a su hermano, y así lo hicieron.

Ahogáronle en la presa del molino, y una mañana apareció flotando sobre el agua.

Los malvados lloraron aquella muerte con lágrimas fingidas, para alejar sospechas en la aldea donde nadie les quería. No faltaba quien les acusase del crimen en voz baja, aunque ninguno osó llevar pruebas a la justicia.

Y otra vez volvió a los malvados la tierra de Alvargonzález.

Y el primer año tuvieron abundancia porque cosecharon la labor de Miguel; pero al segundo, la tierra se empobreció.

Un día, seguía el mayor encorvado sobre la reja del arado que abría penosamente un surco en la tierra. Cuando volvió los ojos, reparó que la tierra se cerraba y el surco desaparecía.

    Martín, que estaba en la huerta
cavando, sobre su azada
605 quedó apoyado un momento;
frío sudor le bañaba
el rostro.
    Por el Oriente,
la luna llena, manchada
de un arrebol purpurino,
610 lucía tras de la tapia
del huerto.
    Martín tenía
la sangre de horror helada.
La azada que hundió en la tierra
teñida de sangre estaba.

Otro día, los hijos de Alvargonzález tomaron silenciosos el camino de la Laguna Negra.

       Cuando la tarde caía,
entre las vetustas hayas
y los pinos centenarios,
un rojo sol se filtraba.
675   Era un paraje de bosque
y peñas aborrascadas;
aquí bocas que bostezan
o monstruos de fieras garras;
allí una informe joroba,
680 allá una grotesca panza,
torvos hocicos de fieras
y dentaduras melladas,
rocas y rocas, y troncos
y troncos, ramas y ramas.
685 En el hondón del barranco
la noche, el miedo y el agua.
     Un lobo surgió, sus ojos
lucían como dos ascuas.
Era la noche, una noche
690 húmeda, obscura y cerrada.
     Los dos hermanos quisieron
volver. La selva ululaba.
Cien ojos fieros ardían
en la selva, a sus espaldas.
695   Llegaron los asesinos
hasta la Laguna Negra,
agua transparente y muda
que enorme muro de piedra,
donde los buitres anidan
700 y el eco duerme, rodea;
agua clara donde beben
las águilas de la sierra,
donde el jabalí del monte

          y el ciervo y el corzo abrevan;
705   agua pura y silenciosa
          que copia cosas eternas;
          agua impasible que guarda
          en su seno las estrellas.
          ¡Padre!, gritaron; al fondo
710   de la laguna serena
          cayeron, y el eco ¡padre!
          repitió de peña en peña.

                            FIN
          de *La tierra de Alvargonzález*

CXV[63]

A un olmo seco

Al olmo viejo, hendido por el rayo
y en su mitad podrido,
con las lluvias de abril y el sol de mayo,
algunas hojas verdes le han salido.

¡El olmo centenario en la colina
que lame el Duero! Un musgo amarillento
le mancha la corteza blanquecina
al tronco carcomido y polvoriento.

No será, cual los álamos cantores
que guardan el camino y la ribera,
habitado de pardos ruiseñores.

Ejército de hormigas en hilera
va trepando por él, y en sus entrañas
urden sus telas grises las arañas.

Antes que te derribe, olmo del Duero,
con su hacha el leñador, y el carpintero
te convierta en melena[64] de campana,
lanza de carro o yugo de carreta;
antes que rojo en el hogar, mañana,
ardas de alguna mísera caseta,
al borde de un camino;
antes que te descuaje un torbellino
y tronche el soplo de las sierras blancas;
antes que el río hasta la mar te empuje

---

[63] Escrito cuando Leonor estaba gravemente enferma, este poema es símbolo del autor herido por el mal de su amada, pero esperanzado con su curación. Silva de diferentes rimas consonantes. Los catorce primeros versos son un soneto heterométrico

[64] *melena:* elemento de madera que sujeta, por arriba, la campana a su soporte.

por valles y barrancas,
olmo, quiero anotar en mi cartera
la gracia de tu rama verdecida.
Mi corazón espera
también, hacia la luz y hacia la vida,
otro milagro de la primavera.

Soria, 1912.

CXIX[65]

Señor, ya me arrancaste lo que yo más quería.
Oye otra vez, Dios mío, mi corazón clamar.
Tu voluntad se hizo, Señor, contra la mía.
Señor, ya estamos solos mi corazón y el mar.

CXX[66]

Dice la esperanza: un día
la verás, si bien esperas.
Dice la desesperanza:
sólo tu amargura es ella.
Late, corazón... No todo
se lo ha tragado la tierra.

---
[65] El dolor del poeta por la muerte de su amada. Serventesio de versos alejandrinos.
[66] El poeta, al fin, se decide por la vida. Romance.

CXXI[67]

Allá, en las tierras altas,
por donde traza el Duero
su curva de ballesta
en torno a Soria, entre plomizos cerros
y manchas de raídos encinares,
mi corazón está vagando, en sueños...
  ¿No ves, Leonor, los álamos del río
con sus ramajes yertos?
Mira el Moncayo azul y blanco; dame
tu mano y paseemos.
Por estos campos de la tierra mía,
bordados de olivares polvorientos,
voy caminando solo,
triste, cansado, pensativo y viejo.

CXXII[68]

Soñé que tú me llevabas
por una blanca vereda,
en medio del campo verde,
hacia el azul de las sierras,
hacia los montes azules,
una mañana serena.
  Sentí tu mano en la mía,
tu mano de compañera,

---
[67] El sueño transporta al poeta desde Andalucía hasta Soria para hablar con Leonor. Pero la realidad es soledad y abatimiento. Silva romance.
[68] De nuevo el sueño trae la primavera, de la mano de Leonor, al poeta, y la esperanza se sobrepone a otros sentimientos. Romance.

tu voz de niña en mi oído
como una campana nueva,
como una campana virgen
de un alba de primavera.
¡Eran tu voz y tu mano,
en sueños, tan verdaderas!...
Vive, esperanza, ¡quién sabe
lo que se traga la tierra!

CXXIII[69]

Una noche de verano
—estaba abierto el balcón
y la puerta de mi casa—
la muerte en mi casa entró.
Se fue acercando a su lecho
—ni siquiera me miró—
con unos dedos muy finos,
algo muy tenue rompió.
Silenciosa y sin mirarme,
la muerte otra vez pasó
delante de mí. ¿Qué has hecho?
La muerte no respondió.
Mi niña quedó tranquila,
dolido mi corazón.
¡Ay, lo que la muerte ha roto
era un hilo entre los dos!

---
[69] El poeta narra, como un cuento triste, la muerte de su amada. Romance.

CXXIV[70]

Al borrarse la nieve, se alejaron
los montes de la sierra.
La vega ha verdecido
al sol de abril, la vega
tiene la verde llama,
la vida, que no pesa;
y piensa el alma en una mariposa,
atlas del mundo, y sueña.
Con el ciruelo en flor y el campo verde,
con el glauco vapor de la ribera,
en torno de las ramas,
con las primeras zarzas que blanquean,
con este dulce soplo
que triunfa de la muerte y de la piedra,
esta amargura que me ahoga fluye
en esperanza de Ella...

CXXV[71]

En estos campos de la tierra mía,
y extranjero en los campos de mi tierra
—yo tuve patria donde corre el Duero
por entre grises peñas,
y fantasmas de viejos encinares,
allá en Castilla, mística y guerrera,

---

[70] La primavera es renacimiento y, para el poeta, esperanza del renacer de Leonor. Silva romance.
[71] Andalucía y sus recuerdos de infancia le resultan extraños al poeta, tan unido aún a Castilla, aunque espera poder reconocerlos algún día. Silva romance.

Castilla la gentil, humilde y brava,
Castilla del desdén y de la fuerza—,
en estos campos de mi Andalucía,
¡oh, tierra en que nací!, cantar quisiera.
Tengo recuerdos de mi infancia, tengo
imágenes de luz y de palmeras,
y en una gloria de oro,
de lueñes[72] campanarios con cigüeñas,
de ciudades con calles sin mujeres
bajo un cielo de añil[73], plazas desiertas
donde crecen naranjos encendidos
con sus frutas redondas y bermejas;
y en un huerto sombrío, el limonero
de ramas polvorientas
y pálidos limones amarillos,
que el agua clara de la fuente espeja,
un aroma de nardos y claveles
y un fuerte olor de albahaca y hierbabuena;
imágenes de grises olivares
bajo un tórrido sol que aturde y ciega,
y azules y dispersas serranías
con arreboles de una tarde inmensa;
mas falta el hilo que el recuerdo anuda
al corazón, el ancla en su ribera,
o estas memorias no son alma. Tienen,
en sus abigarradas vestimentas,
señal de ser despojos del recuerdo,
la carga bruta que el recuerdo lleva.

---

[72] *lueñes:* lejanos.
[73] *de añil:* azul oscuro.

Un día tornarán, con luz del fondo ungidos[74],
los cuerpos virginales a la orilla vieja.

Lora del Río, 4 de abril de 1913.

CXXVI[75]

A José María Palacio[76]

Palacio, buen amigo,
¿está la primavera
vistiendo ya las ramas de los chopos
del río y los caminos? En la estepa
del alto Duero, Primavera tarda,
¡pero es tan bella y dulce cuando llega!...
¿Tienen los viejos olmos
algunas hojas nuevas?
Aún las acacias estarán desnudas
y nevados los montes de las sierras.
¡Oh, mole del Moncayo blanca y rosa,
allá, en el cielo de Aragón, tan bella!
¿Hay zarzas florecidas
entre las grises peñas,

---

[74] *ungidos:* untados con la luz como si fuera un óleo santo; en cierto modo, santificados.
[75] El poeta escribe una carta a su amigo en la que, tras evocar la tierra de Soria al comienzo de la primavera, le ruega una visita a la tumba de su amada. Silva romance.
[76] *José María Palacio*: periodista y poeta amigo de Machado; estaba casado con una prima de Leonor.

y blancas margaritas
entre la fina hierba?
Por esos campanarios
ya habrán ido llegando las cigüeñas.
Habrá trigales verdes,
y mulas pardas en las sementeras,
y labriegos que siembran los tardíos[77]
con las lluvias de abril. Ya las abejas
libarán del tomillo y el romero.
¿Hay ciruelos en flor? ¿Quedan violetas?
Furtivos cazadores, los reclamos
de la perdiz bajo las capas luengas,
no faltarán. Palacio, buen amigo,
¿tienen ya ruiseñores las riberas?
Con los primeros lirios
y las primeras rosas de las huertas,
en una tarde azul, sube al Espino[78],
al alto Espino donde está su tierra...

Baeza, 29 de abril de 1913.

CXXVII[79]

Otro viaje

Ya en los campos de Jaén,
amanece. Corre el tren

---

[77] *tardíos:* sembrados que dan su fruto más tarde, generalmente en otoño.
[78] *Espino:* cementerio de Soria, donde está enterrada Leonor (*donde está su tierra*).
[79] De nuevo en este viaje (como en CX) el poeta reflexiona ante lo que ve, pero ahora le asalta el recuerdo de Castilla y de Leonor. También aquí la métrica imita el traqueteo del tren mezclando octosílabos con tetrasílabos (pies quebrados).

por sus brillantes rieles,
devorando matorrales,
alcaceles[80],
terraplenes, pedregales,
olivares, caseríos,
praderas y cardizales[81],
montes y valles sombríos.
Tras la turbia ventanilla,
pasa la devanadera[82]
del campo de primavera.
La luz en el techo brilla
de mi vagón de tercera.
Entre nubarrones blancos,
oro y grana;
la niebla de la mañana
huyendo por los barrancos.
¡Este insomne sueño mío!
¡Este frío
de un amanecer en vela!...
Resonante,
jadeante,
marcha el tren. El campo vuela.
Enfrente de mí, un señor
sobre su manta dormido;
un fraile y un cazador
—el perro a sus pies tendido—.
Yo contemplo mi equipaje,
mi viejo saco de cuero;
y recuerdo otro viaje

---

[80] *alcaceles:* sembrados de cebada.
[81] *cardizales:* terrenos llenos de cardos.
[82] *devanadera:* aparato que se usa en teatro para pasar rápidamente bastidores, pintados por los dos lados, en que figuran lugares o paisajes.

hacia las tierras del Duero.
Otro viaje de ayer
por la tierra castellana,
—¡pinos del amanecer
entre Almazán y Quintana!—
¡Y alegría
de un viajar en compañía!
¡Y la unión
que ha roto la muerte un día!
¡Mano fría
que aprietas mi corazón!
Tren, camina, silba, humea,
acarrea
tu ejército de vagones,
ajetrea
maletas y corazones.
Soledad,
sequedad.
Tan pobre me estoy quedando,
que ya ni siquiera estoy
conmigo, ni sé si voy
conmigo a solas viajando.

CXXXIII[83]

*Llanto de las virtudes y coplas por la muerte
de don Guido*

Al fin, una pulmonía
mató a don Guido, y están
las campanas todo el día
doblando[84] por él: ¡din-dán!
  Murió don Guido, un señor
de mozo muy jaranero,
muy galán y algo torero;
de viejo, gran rezador.
  Dicen que tuvo un serrallo
este señor de Sevilla;
que era diestro
en manejar el caballo,
y un maestro
en refrescar manzanilla[85].
  Cuando mermó su riqueza,
era su monomanía
pensar que pensar debía
en asentar la cabeza.
  Y asentola
de una manera española,
que fue casarse con una
doncella de gran fortuna;
y repintar sus blasones,

---

[83] Este poema critica al "señorito andaluz", a la vez que añora una España noble y ya desaparecida. Octosílabos y tetrasílabos (pies quebrados) forman diversas estrofas de rima consonante.
[84] *doblando:* tocando a muerto.
[85] *manzanilla:* vino blanco andaluz.

hablar de las tradiciones
de su casa,
a escándalos y amoríos
poner tasa[86],
sordina[87] a sus desvaríos.
  Gran pagano,
se hizo hermano
de una santa cofradía;
el Jueves Santo salía,
llevando un cirio en la mano
—¡aquel trueno!—,
vestido de nazareno.
Hoy nos dice la campana
que han de llevarse mañana
al buen don Guido, muy serio,
camino del cementerio.
  Buen don Guido, ya eres ido
y para siempre jamás...
Alguien dirá: ¿Qué dejaste?
Yo pregunto: ¿Qué llevaste
al mundo donde hoy estás?
  ¿Tu amor a los alamares[88]
y a las sedas y a los oros
y a la sangre de los toros
y al humo de los altares?
  Buen don Guido y equipaje,
¡buen viaje!...
  El acá
y el allá,

---

[86] *poner tasa:* poner límite.
[87] *sordina:* silencio, disimulo. La sordina es un dispositivo que apaga el sonido de los instrumentos.
[88] *alamares:* adornos de cintas bordadas o pasamanería.

caballero,
se ve en tu rostro marchito,
lo infinito:
cero, cero.
　¡Oh las enjutas mejillas,
amarillas,
y los párpados de cera,
y la fina calavera
en la almohada del lecho!
　¡Oh fin de una aristocracia!
La barba canosa y lacia
sobre el pecho;
metido en tosco sayal,
las yertas manos en cruz,
¡tan formal!
el caballero andaluz.

CXXXVI*[89]

Proverbios y cantares

I*

Nunca perseguí la gloria
ni dejar en la memoria
de los hombres mi canción;
yo amo los mundos sutiles,
ingrávidos y gentiles

---

[89] Comienza con esta serie de poemas un modo de escribir que Machado ya no dejará y que incluye desde bellos apuntes líricos hasta observaciones casi filosóficas. La forma, siempre breve, es fundamentalmente popular.

como pompas de jabón.
Me gusta verlos pintarse
de sol y grana, volar
bajo el cielo azul, temblar
súbitamente y quebrarse.

IV*

Nuestras horas son minutos
cuando esperamos saber,
y siglos cuando sabemos
lo que se puede aprender.

XII*

¡Ojos que a la luz se abrieron
un día para, después,
ciegos tornar a la tierra,
hartos de mirar sin ver!

XV*

Cantad conmigo en coro: Saber, nada sabemos,
de arcano mar vinimos, a ignota[90] mar iremos...
Y entre los dos misterios está el enigma grave;
tres arcas cierra una desconocida llave.
La luz nada ilumina y el sabio nada enseña.
¿Qué dice la palabra? ¿Qué el agua de la peña?

---

[90] *arcano:* secreto, misterioso; *ignota:* desconocida, inexplorada.

XVIII*

¡Ah, cuando yo era niño
soñaba con los héroes de la Iliada[91]!
Áyax era más fuerte que Diomedes,
Héctor, más fuerte que Áyax,
y Aquiles el más fuerte; porque era
el más fuerte... ¡Inocencias de la infancia!
¡Ah, cuando yo era niño
soñaba con los héroes de la Iliada!

XXI*

Ayer soñé que veía
a Dios y que a Dios hablaba;
y soñé que Dios me oía...
Después soñé que soñaba.

XXII*

Cosas de hombres y mujeres,
los amoríos de ayer,
casi los tengo olvidados,
si fueron alguna vez.

---

[91] *Iliada:* grandioso poema épico griego, obra de Homero, que cuenta un episodio de la guerra de Troya. En él aparecen los héroes que se citan en los versos siguientes: Áyax, Diomedes, Héctor y Aquiles.

XXIII*

No extrañéis, dulces amigos,
que esté mi frente arrugada;
yo vivo en paz con los hombres
y en guerra con mis entrañas.

XXVI

Poned sobre los campos
un carbonero, un sabio y un poeta.
Veréis cómo el poeta admira y calla,
el sabio mira y piensa...
Seguramente, el carbonero busca
las moras o las setas.
Llevadlos al teatro
y sólo el carbonero no bosteza.
Quien prefiere lo vivo a lo pintado
es el hombre que piensa, canta o sueña.
El carbonero tiene
llena de fantasías la cabeza.

XXVIII

Todo hombre tiene dos
batallas que pelear:
en sueños lucha con Dios;
y despierto, con el mar.

XXIX

Caminante, son tus huellas
el camino, y nada más;
caminante, no hay camino,
se hace camino al andar.
Al andar se hace camino,
y al volver la vista atrás
se ve la senda que nunca
se ha de volver a pisar.
Caminante, no hay camino,
sino estelas en la mar.

XXXVIII

¿Dices que nada se crea?
Alfarero, a tus cacharros.
Haz tu copa y no te importe
si no puedes hacer barro.

XLIV

Todo pasa y todo queda,
pero lo nuestro es pasar,
pasar haciendo caminos,
caminos sobre la mar.

XLV

Morir... ¿Caer como gota
de mar en el mar inmenso?
¿O ser lo que nunca he sido:
uno, sin sombra y sin sueño,
un solitario que avanza
sin camino y sin espejo?

XLVI

Anoche soñé que oía
a Dios, gritándome: ¡Alerta!
Luego era Dios quien dormía,
y yo gritaba: ¡Despierta!

XLVII

Cuatro cosas tiene el hombre
que no sirven en la mar:
ancla, gobernalle[92] y remos,
y miedo de naufragar.

---

[92] *gobernalle:* timón.

L

　—Nuestro español bosteza.
¿Es hambre? ¿Sueño? ¿Hastío?
Doctor, ¿tendrá el estómago vacío?
—El vacío es más bien en la cabeza.

LIII

　Ya hay un español que quiere
vivir y a vivir empieza,
entre una España que muere
y otra España que bosteza.
Españolito que vienes
al mundo, te guarde Dios.
Una de las dos Españas
ha de helarte el corazón.

CXXXVII[93]

Parábolas

I

　Era un niño que soñaba
un caballo de cartón.
Abrió los ojos el niño

---

[93] Composiciones cercanas por su contenido a las anteriores, aunque ahora son más extensas y el elemento narrativo o lírico es más evidente. La métrica es igualmente variada.

y el caballito no vio.
Con un caballito blanco
el niño volvió a soñar;
y por la crin lo cogía...
¡Ahora no te escaparás!
Apenas lo hubo cogido,
el niño se despertó.
Tenía el puño cerrado.
¡El caballito voló!
Quedose el niño muy serio
pensando que no es verdad
un caballito soñado.
Y ya no volvió a soñar.
Pero el niño se hizo mozo
y el mozo tuvo un amor,
y a su amada le decía:
¿Tú eres de verdad o no?
Cuando el mozo se hizo viejo
pensaba: todo es soñar,
el caballito soñado
y el caballo de verdad.
Y cuando vino la muerte,
el viejo a su corazón
preguntaba: ¿Tú eres sueño?
¡Quién sabe si despertó!

VII

Dice la razón: Busquemos
la verdad.
Y el corazón: Vanidad.

La verdad ya la tenemos.
La razón: ¡Ay, quién alcanza
la verdad!
El corazón: Vanidad.
La verdad es la esperanza.
Dice la razón: Tú mientes.
Y contesta el corazón:
Quien miente eres tú, razón,
que dices lo que no sientes.

ELOGIOS[94]

CXXXIX

A don Francisco Giner de los Ríos[95]

Como se fue el maestro,
la luz de esta mañana
me dijo: Van tres días
que mi hermano Francisco no trabaja.
¿Murió?... Sólo sabemos
que se nos fue por una senda clara,
diciéndonos: Hacedme
un duelo de labores y esperanzas.
Sed buenos y no más, sed lo que he sido
entre vosotros: alma.

---

[94] Composiciones dedicadas por el poeta a personalidades de las letras, del pensamiento, a sus amigos, a sus maestros, incluyen asimismo dos poemas sobre España que expresan el deseo de Machado de paz y de progreso.
[95] *Francisco Giner de los Ríos* (1839-1915): pedagogo y escritor español, fundador de la Institución Libre de Enseñanza, maestro queridísimo de Antonio Machado.

Vivid, la vida sigue,
los muertos mueren y las sombras pasan;
lleva quien deja y vive el que ha vivido.
¡Yunques, sonad; enmudeced, campanas!
    Y hacia otra luz más pura
partió el hermano de la luz del alba,
del sol de los talleres,
el viejo alegre de la vida santa.
    ... Oh, sí, llevad, amigos,
su cuerpo a la montaña,
a los azules montes
del ancho Guadarrama.
Allí hay barrancos hondos
de pinos verdes donde el viento canta.
Su corazón repose
bajo una encina casta,
en tierra de tomillos, donde juegan
mariposas doradas...
Allí el maestro un día
soñaba un nuevo florecer de España.

Baeza, 21 de febrero de 1915.

CXLI[96]

A Xavier Valcarce[97]

... En el intermedio de la primavera.[98]

Valcarce, dulce amigo,
si tuviera la voz que tuve antaño, cantaría
el intermedio de tu primavera
—porque aprendiz he sido de ruiseñor un día—,
y el rumor de tu huerto —entre las flores
el agua oculta corre, pasa y suena
por acequias, regatos y atanores[99]—,
y el inquieto bullir de tu colmena,
y esa doliente juventud que tiene
ardores de faunalias[100],
y que pisando viene
la huella a mis sandalias.

Mas hoy... ¿será porque el enigma grave
me tentó en la desierta galería,
y abrí con una diminuta llave
el ventanal del fondo que da a la mar sombría?
¿Será porque se ha ido
quien asentó mis pasos en la tierra,
y en este nuevo ejido[101]
sin rubia mies, la soledad me aterra?

---

[96] Este poema es una incitación al trabajo, a la lucha literaria. Silva de rima consonante.
[97] *Xavier Valcarce*: periodista y poeta, amigo de Machado.
[98] Cita de un relato de Valcarce, perteneciente a su libro *Poemas de la prosa*.
[99] *atanores:* cañerías para conducir el agua.
[100] *faunalias:* fiestas de los faunos (sátiros de los bosques en la mitología clásica); es un neologismo del autor.
[101] *ejido:* tierra de uso comunal dedicada a las eras al lado del pueblo. Su condición de terreno vacío, sin vegetación, es lo que le da sentido en esta imagen.

No sé, Valcarce, mas cantar no puedo;
se ha dormido la voz en mi garganta,
y tiene el corazón un salmo quedo.
Ya sólo reza el corazón, no canta.

Mas hoy, Valcarce, como un fraile viejo
puedo hacer confesión, que es dar consejo.

En este día claro, en que descansa
tu carne de quimeras y amoríos
—así en amplio silencio se remansa
el agua bullidora de los ríos—,
no guardes en tu cofre la galana
veste[102] dominical, el limpio traje,
para llenar de lágrimas mañana
la mustia seda y el marchito encaje,
sino viste, Valcarce, dulce amigo,
gala de fiesta para andar contigo.

Y cíñete la espada rutilante,
y lleva tu armadura,
el peto de diamante
debajo de la blanca vestidura.

¡Quién sabe! Acaso tu domingo sea
la jornada guerrera y laboriosa,
el día del Señor, que no reposa,
el claro día en que el Señor pelea.

---

[102] *galana veste:* hermosa o elegante vestimenta.

CXLIV[103]

Una España joven

... Fue un tiempo de mentira, de infamia. A España
[toda,
la malherida España, de Carnaval vestida
la pusieron, pobre y escuálida y beoda,
para que no acertara la mano con la herida.

Fue ayer; éramos casi adolescentes; era
con tiempo malo, encinta de lúgubres presagios,
cuando montar quisimos en pelo una quimera,
mientras la mar dormía ahíta de naufragios.

Dejamos en el puerto la sórdida galera,
y en una nave de oro nos plugo[104] navegar
hacia los altos mares, sin aguardar ribera,
lanzando velas y anclas y gobernalle al mar.

Ya entonces, por el fondo de nuestro sueño —herencia
de un siglo que vencido sin gloria se alejaba—
un alba entrar quería; con nuestra turbulencia
la luz de las divinas ideas batallaba.

Mas cada cual el rumbo siguió de su locura;
agilitó[105] su brazo, acreditó su brío;
dejó como un espejo bruñida su armadura
y dijo: "El hoy es malo, pero el mañana... es mío".

---

[103] La secuencia ayer–hoy–mañana de España sirve para mostrar el deseo de los jóvenes contemporáneos del poeta por cambiar la triste realidad del país, su fracaso y la esperanza en la juventud futura que ha de reformarlo. Serventesios de versos alejandrinos.
[104] *plugo:* forma anticuada de la 3ª persona del pretérito perfecto simple del verbo *placer*.
[105] *agilitó:* agilizó, hizo ligero, capaz de luchar con facilidad.

Y es hoy aquel mañana de ayer... Y España toda,
con sucios oropeles de Carnaval vestida
aún la tenemos: pobre y escuálida y beoda;
mas hoy de un vino malo: la sangre de su herida.

    Tú, juventud más joven, si de más alta cumbre
la voluntad te llega, irás a tu aventura
despierta y transparente a la divina lumbre,
como el diamante clara, como el diamante pura.

1914

CXLVIII[106]

A la muerte de Rubén Darío

Si era toda en tu verso la armonía del mundo,
¿dónde fuiste, Darío, la armonía a buscar?
Jardinero de Hesperia[107], ruiseñor de los mares,
corazón asombrado de la música astral,
¿te ha llevado Dionysos[108] de su mano al infierno
y con las nuevas rosas triunfante volverás?
¿Te han herido buscando la soñada Florida,
la fuente de la eterna juventud, capitán?
Que en esta lengua madre la clara historia quede;
corazones de todas las Españas, llorad.
Rubén Darío ha muerto en sus tierras de Oro,
esta nueva nos vino atravesando el mar.

---

[106] Poema con multitud de elementos modernistas como homenaje de Machado a su gran maestro y amigo, el poeta nicaragüense Rubén Darío, creador del modernismo literario. Versos alejandrinos con rima de romance.
[107] *Hesperia:* lugar mitológico en el occidente del mundo (pudiera ser Italia o España), jardín maravilloso.
[108] *Dionysos:* Baco, dios del vino y del placer.

Pongamos, españoles, en un severo mármol[109],
su nombre, flauta y lira, y una inscripción no más:
nadie esta lira pulse, si no es el mismo Apolo,
nadie esta flauta suene, si no es el mismo Pan[110].

1916

---

[109] *severo mármol:* monumento solemne. El mármol es símbolo de duración, de eternidad.
[110] *Apolo:* dios de la belleza y del arte; *Pan:* dios de la fuerza de la naturaleza.

Nuevas canciones (1917-1924)

Desde 1917 hasta 1932 se cumple el último ciclo de la poesía de Antonio Machado. La muerte de Leonor provocó en el poeta un enorme pesimismo, hasta el punto de llevarle a pensar en su imposibilidad para escribir poesía lírica.

Su afición irá ahora por el camino de la filosofía. De todos modos, en este periodo de tiempo publica *Nuevas canciones* (1924). Escrito durante los años de estancia en Baeza y Segovia, es un libro breve en el que pueden distinguirse al menos tres formas de poesía muy diferentes entre sí:

- Poemas de carácter popular, por su forma y por su estilo, en los que se manifiestan nuevos apuntes de Andalucía y Castilla, pero en ningún caso con la intensidad del libro anterior.
- Poemas que vuelven a evocar recuerdos y a describir paisajes, más simbólicos que reales, al modo de su primer libro.
- Nuevos proverbios y cantares, en los que lo proverbial y filosófico ha desplazado a lo lírico. Ésta es la parte más característica de la obra.

CLIV[1]

Apuntes

I

Desde mi ventana,
¡campo de Baeza,
a la luna clara!
¡Montes de Cazorla,
Aznaitín y Mágina!
¡De luna y de piedra
también los cachorros
de Sierra Morena!

II

Sobre el olivar,
se vio a la lechuza
volar y volar.
Campo, campo, campo.
Entre los olivos,
los cortijos blancos.
Y la encina negra,
a medio camino
de Úbeda a Baeza.

---

[1] Poemas de carácter popular, ligeros, directos y muy líricos, con apuntes del paisaje andaluz. Sus versos, hexasílabos, forman romancillos y soleares. Sólo el VIII es una copla irregular de hexasílabos y octosílabos.

III

Por un ventanal
entró la lechuza
en la catedral.
San Cristobalón
la quiso espantar,
al ver que bebía
del velón de aceite
de Santa María.
La Virgen habló:
Déjala que beba,
San Cristobalón.

IV

Sobre el olivar,
se vio a la lechuza
volar y volar.
A Santa María
un ramito verde
volando traía.
¡Campo de Baeza,
soñaré contigo
cuando no te vea!

V

Dondequiera vaya,
José de Mairena
lleva su guitarra.

Su guitarra lleva,
cuando va a caballo,
a la bandolera.
Y lleva el caballo
con la rienda corta,
la cerviz en alto.

VI

¡Pardos borriquillos
de ramón[2] cargados,
entre los olivos!

VII

¡Tus sendas de cabras
y tus madroñeras[3],
Córdoba serrana!

VIII

¡La del Romancero,
Córdoba la llana!...
Guadalquivir hace vega,
el campo relincha y brama.

---

[2] *ramón:* conjunto de ramas cortadas, que pueden servir para alimentar al ganado.
[3] *madroñeras:* madroñales, lugares poblados de madroños.

IX

Los olivos grises,
los caminos blancos.
El sol ha sorbido
la color del campo;
y hasta tu recuerdo[4]
me lo va secando
este alma de polvo
de los días malos.

CLVIII[5]

Canciones de tierras altas

I

Por la sierra blanca...
La nieve menuda
y el viento de cara.
 Por entre los pinos...
con la blanca nieve
se borra el camino.
 Recio viento sopla
de Urbión a Moncayo.
¡Páramos de Soria!

---

[4] *tu recuerdo:* sin duda el de Leonor, presente en todo el libro.
[5] Con formas populares parecidas a las anteriores el poeta se acuerda de Soria y de sus pasados años. Desde Andalucía (VII) quisiera volver al Duero, "...donde está su tierra".

II

Ya habrá cigüeñas al sol,
mirando la tarde roja,
entre Moncayo y Urbión.

III

Se abrió la puerta que tiene
gonces[6] en mi corazón,
y otra vez la galería[7]
de mi historia apareció.
Otra vez la plazoleta
de las acacias en flor,
y otra vez la fuente clara
cuenta un romance de amor.

VII

En Córdoba, la serrana,
en Sevilla, marinera
y labradora, que tiene
hinchada, hacia el mar, la vela;
y en el ancho llano
por donde la arena sorbe
la baba del mar amargo,
hacia la fuente del Duero
mi corazón —¡Soria pura!—

---

[6] *gonces:* goznes, elementos de unión entre las puertas o ventanas y sus marcos.
[7] *galería:* camino interior del alma; un recuerdo, en este caso.

se tornaba... ¡Oh, fronteriza
entre la tierra y la luna!
 ¡Alta paramera
donde corre el Duero niño,
tierra donde está su tierra!

CLIX[8]

Canciones

I

Junto a la sierra florida,
bulle el ancho mar.
El panal de mis abejas
tiene granitos de sal.

II

Junto al agua negra.
Olor de mar y jazmines.
Noche malagueña.

---

[8] Las canciones de esta serie son en su mayoría muy breves, y su lirismo se acentúa. Sus formas siguen siendo populares: hexasílabos, octosílabos y pies quebrados, con rimas asonantes, excepto en el caso del pareadillo del III.

III

La primavera ha venido.
Nadie sabe cómo ha sido.

V

¡Luna llena, luna llena,
tan oronda, tan redonda
en esta noche serena
de marzo, panal de luz
que labran blancas abejas!

XII

En Santo Domingo,
la misa mayor.
Aunque me decían
hereje y masón,
rezando contigo,
¡cuánta devoción!

XV

Mientras danzáis en corro,
niñas, cantad:
Ya están los prados verdes,
ya vino abril galán.
   A la orilla del río,
por el negro encinar,

sus abarcas[9] de plata
hemos visto brillar.
Ya están los prados verdes,
ya vino abril galán.

CLX[10]

Canciones del alto Duero
Canción de mozas

I

Molinero es mi amante,
tiene un molino
bajo los pinos verdes,
cerca del río.
Niñas, cantad:
"Por la orilla del Duero
yo quisiera pasar".

II

Por las tierras de Soria
va mi pastor.
¡Si yo fuera una encina
sobre un alcor!
Para la siesta,

---

[9] *abarcas:* especie de sandalias toscas que protegen casi exclusivamente la planta del pie. La imagen se refiere al rocío de la primavera.
[10] En esta serie de canciones, el tema vuelve a ser la nostálgica evocación de Soria. Seguidillas con bordón (conjunto añadido de tres versos).

si yo fuera una encina
sombra le diera.

III

Colmenero es mi amante
y, en su abejar,
abejicas de oro
vienen y van.
De tu colmena,
colmenero del alma,
yo colmenera.

IV

En las sierras de Soria,
azul y nieve,
leñador es mi amante
de pinos verdes.
¡Quién fuera el águila
para ver a mi dueño
cortando ramas!

V

Hortelano es mi amante,
tiene su huerto,
en la tierra de Soria,
cerca del Duero.
¡Linda hortelana!

Llevaré saya[11] verde,
monjil[12] de grana.

VI

A la orilla del Duero,
lindas peonzas,
bailad, coloraditas
como amapolas.
¡Ay, garabí[13]!...
Bailad, suene la flauta
y el tamboril.

CLXI

Proverbios y cantares[14]
A José Ortega y Gasset

I

El ojo que ves no es
ojo porque tú lo veas;
es ojo porque te ve.

---
[11] *saya:* falda.
[12] *monjil:* manga abierta que cae desde el hombro formando una especie de capita.
[13] *garabí:* exclamación frecuente en canciones populares y, sobre todo, de corro.
[14] Repite el título que ya utilizó en *Campos de Castilla*, pero en estas noventa y nueve composiciones casi no se encuentra poesía lírica. Los temas se centran en la creación literaria y en la figura del "complementario" u "otro". Mucho más breves, casi siempre son seguidillas, coplas, etcétera.

II

Para dialogar,
preguntad, primero;
después... escuchad.

VIII

Hoy es siempre todavía.

XV

Busca a tu complementario,
que marcha siempre contigo,
y suele ser tu contrario.

XVII

En mi soledad
he visto cosas muy claras,
que no son verdad.

XXXVI

No es el yo fundamental
eso que busca el poeta,
sino el tú esencial.

XXXVII

Viejo como el mundo es
—dijo un doctor—, olvidado,
por sabido, y enterrado
cual la momia de Ramsés.

XXXVIII

Mas el doctor no sabía
que hoy es siempre todavía.

XLVI

Se miente más de la cuenta
por falta de fantasía:
también la verdad se inventa.

L

Con el tú de mi canción
no te aludo, compañero;
ese tú soy yo.

LII

Hora de mi corazón:
la hora de una esperanza
y una desesperación.

LIII

Tras el vivir y el soñar,
está lo que más importa:
despertar.

LXVI

Poned atención:
un corazón solitario
no es un corazón.

LXVII

Abejas, cantores,
no a la miel, sino a las flores.

LXXXV

¿Tu verdad? No, la Verdad,
y ven conmigo a buscarla.
La tuya, guárdatela.

CLXIV

Los sueños dialogados[15]

I

¡Cómo en el alto llano tu figura
se me aparece!... Mi palabra evoca
el prado verde y la árida llanura,
la zarza en flor, la cenicienta roca.

   Y al recuerdo obediente, negra encina
brota en el cerro, baja el chopo al río;
el pastor va subiendo a la colina;
brilla un balcón de la ciudad: el mío,

   el nuestro. ¿Ves? Hacia Aragón, lejana,
la sierra de Moncayo, blanca y rosa...
Mira el incendio de esa nube grana,

   y aquella estrella en el azul, esposa.
Tras el Duero, la loma de Santana
se amorata en la tarde silenciosa.

II

   ¿Por qué, decisme, hacia los altos llanos
huye mi corazón de esta ribera,
y en tierra labradora y marinera
suspiro por los yermos castellanos?

---

[15] En estos cuatro sonetos modernistas, el poeta dialoga en sueños con Leonor (I), con los amigos que ven cómo añora Castilla desde Andalucía (II), con una dama que le ofrece su amor (III) y con la soledad (IV).

Nadie elige su amor. Llevome un día
mi destino a los grises calvijares[16]
donde ahuyenta al caer la nieve fría
las sombras de los muertos encinares.

De aquel trozo de España, alto y roquero,
hoy traigo a ti, Guadalquivir florido,
una mata del áspero romero.

Mi corazón está donde ha nacido,
no a la vida, al amor, cerca del Duero...
... ¡El muro blanco y el ciprés erguido![17]

III

Las ascuas de un crepúsculo, señora,
rota la parda nube de tormenta,
han pintado en la roca cenicienta
de lueñe[18] cerro un resplandor de aurora.

Una aurora cuajada en roca fría
que es asombro y pavor del caminante
más que fiero león en claro día,
o en garganta de monte osa gigante.

Con el incendio de un amor, prendido
al turbio sueño de esperanza y miedo,
yo voy hacia la mar, hacia el olvido
   —y no como a la noche ese roquedo,
al girar del planeta ensombrecido—.
No me llaméis, porque tornar no puedo.

---

[16] *calvijares:* claros, zonas sin árboles.
[17] Este último verso es, otra vez, una alusión al cementerio del Espino, donde está enterrada Leonor.
[18] *lueñe:* lejano.

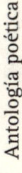

Campos castellanos, "trozo de España, alto y roquero".

IV

¡Oh soledad, mi sola compañía,
oh musa del portento[19], que el vocablo
diste a mi voz que nunca te pedía!,
responde a mi pregunta: ¿con quién hablo?

Ausente de ruidosa mascarada,
divierto mi tristeza sin amigo,
contigo, dueña de la faz velada,
siempre velada al dialogar conmigo.

Hoy pienso: este que soy será quien sea;
no es ya mi grave enigma este semblante
que en el íntimo espejo se recrea,
   sino el misterio de tu voz amante.
Descúbreme tu rostro, que yo vea
fijos en mí tus ojos de diamante.

---

[19] *portento:* prodigio; se refiere al milagro de la poesía.

De mi cartera[20]

I

Ni mármol duro y eterno,
ni música ni pintura,
sino palabra en el tiempo.

VII

La rima verbal y pobre,
y temporal, es la rica.
El adjetivo y el nombre,
remansos del agua limpia,
son accidentes del verbo
en la gramática lírica,
del Hoy que será Mañana,
del Ayer que es Todavía.

---

[20] Siete breves composiciones sobre el concepto que el poeta tiene de la poesía. El metro, octosilábico, forma cinco soleares, una copla y un romance.

CLXV[21]

Sonetos

IV

Esta luz de Sevilla... Es el palacio
donde nací, con su rumor de fuente.
Mi padre, en su despacho. —La alta frente,
  la breve mosca[22], y el bigote lacio—.

  Mi padre, aún joven. Lee, escribe, hojea
sus libros y medita. Se levanta;
va hacia la puerta del jardín. Pasea.
A veces habla solo, a veces canta.

  Sus grandes ojos de mirar inquieto
ahora vagar parecen, sin objeto
donde puedan posar, en el vacío.

  Ya escapan de su ayer a su mañana;
ya miran en el tiempo, ¡padre mío!,
piadosamente mi cabeza cana.

---

[21] Son cinco y todos tienen alguna variante con respecto al modelo clásico: en el que incluimos hay un cuarteto y un serventesio de rimas distintas. El tema es la evocación infantil del padre.
[22] *mosca:* pequeña perilla formada sólo por el pelo que crece entre el labio inferior y el mentón.

De un cancionero apócrifo[1] (1924-1936)

No es un libro independiente, sino una de las secciones de sus *Obras completas* desde 1928. Machado se inventa poetas o filósofos, como Abel Martín y su discípulo Juan de Mairena, en los que desdobla su personalidad. El libro es una exposición en prosa de las teorías de estos heterónimos (otros nombres) o "complementarios" de Machado, en la que se incluyen algunos poemas escritos en su apoyo o, también, "a la manera" de estos personajes.

En cuanto a la calidad estética y la capacidad lírica de los poemas, sólo destacan las composiciones que hacen referencia a su último amor: Guiomar.

La poesía española de aquellos años iba por caminos muy distintos y, frente a ella, Machado no supo oponer ningún producto de verdadera calidad. Ello no quiere decir que esporádicamente no surgiera un buen poema.

---

[1] *apócrifo:* que no es auténtico o no pertenece al autor al que se atribuye.

CLXVII

Abel Martín

Abel Martín, poeta y filósofo. Nació en Sevilla (1840). Murió en Madrid (1898).[2]

Primaveral[3]

Nubes, sol, prado verde y caserío
en la loma, revueltos. Primavera
puso en el aire de este campo frío
la gracia de sus chopos de ribera.
Los caminos del valle van al río
y allí, junto del agua, amor espera.
¿Por ti se ha puesto el campo ese atavío
de joven, oh invisible compañera?
¿Y ese perfume del habar[4] al viento?
¿Y esa primera blanca margarita?...
¿Tú me acompañas? En mi mano siento
doble latido; el corazón me grita,
que en las sienes me asorda el pensamiento:
eres tú quien florece y resucita.

---

[2] Es uno de los "complementarios" de Machado. Abel Martín escribe los poemas y luego hace un estudio en prosa sobre esa misma poesía. Aquí sólo recogemos algunos de los textos en verso.
[3] Con la primavera renace el amor en el poeta. Se trata de un soneto clásico.
[4] *habar:* campo, plantación de habas.

XI[5]

Nel mezzo del cammin[6] pasome el pecho
la flecha de un amor intempestivo.
Que tuvo en el camino largo acecho[7]
mostrome en lo certero el rayo vivo.

Así un imán que, al atraer, repele
(¡oh claros ojos de mirar furtivo!),
amor que asombra, aguija[8], halaga y duele,
y más se ofrece cuanto más esquivo.

Si un grano del pensar arder pudiera,
no en el amante, en el amor, sería
la más honda verdad lo que se viera;

y el espejo de amor se quebraría,
roto su encanto, y roto la pantera
de la lujuria el corazón tendría.

Consejos, coplas, apuntes[9]

7

En el mar de la mujer
pocos naufragan de noche;
muchos, al amanecer.

---

[5] El amor que aquí se describe es, sin duda, el que sintió Machado por Guiomar, nombre poético de la escritora Pilar de Valderrama. No es un soneto clásico, porque se construye con serventesios y, además, el segundo de ellos sólo conserva la rima de los versos pares del primero.
[6] "En el medio del camino", primeras palabras del canto del Infierno de *La divina comedia*, de Dante.
[7] *acecho*: espera, vigilancia.
[8] *aguija*: aguijonea, hiere con algo puntiagudo.
[9] Breves poemas cercanos a los ya conocidos proverbios y cantares, aunque ahora su tema principal es el amor. Son trece en total. Incluimos una soleá y un romance.

9[10]

La plaza tiene una torre,
la torre tiene un balcón,
el balcón tiene una dama,
la dama una blanca flor.
Ha pasado un caballero
—¡quién sabe por qué pasó!—,
y se ha llevado la plaza,
con su torre y su balcón,
con su balcón y su dama,
su dama y su blanca flor.

CLXXIII

Canciones a Guiomar[11]

I[12]

No sabía
si era un limón amarillo
lo que tu mano tenía,
o el hilo de un claro día,
Guiomar, en dorado ovillo.
Tu boca me sonreía.
Yo pregunté: ¿Qué me ofreces?

---

[10] Este poema presenta en la forma una semejanza con las cancioncillas populares infantiles o de romance.
[11] Ver nota 5.
[12] El poeta dialoga con la amada intentando encontrar el sentido de su nuevo amor. Octosílabos y tetrasílabos que componen dos sextillas, una cuarteta y una redondilla.

¿Tiempo en fruto, que tu mano
eligió entre madureces
de tu huerta?
¿Tiempo vano
de una bella tarde yerta?
¿Dorada ausencia encantada?
¿Copia en el agua dormida?
¿De monte en monte encendida,
la alborada
verdadera?
¿Rompe en sus turbios espejos
amor la devanadera[13]
de sus crepúsculos viejos?

II[14]

En un jardín te he soñado,
alto, Guiomar, sobre el río,
jardín de un tiempo cerrado
con verjas de hierro frío.
  Un ave insólita canta
en el almez, dulcemente,
junto al agua viva y santa,
toda sed y toda fuente.
  En este jardín, Guiomar,
el mutuo jardín que inventan
dos corazones al par,

---
[13] *devanadera:* máquina que se utiliza en teatro para hacer pasar rápidamente diferentes bastidores o cuadros.
[14] El nuevo amor le produce al poeta sensaciones contradictorias. Los versos, todos octosílabos, forman cuatro cuartetas, tres pareados y un verso que rima con el segundo pareado.

se funden y complementan
nuestras horas. Los racimos
de un sueño —juntos estamos—
en limpia copa exprimimos,
y el doble cuento olvidamos.

(Uno: Mujer y varón,
aunque gacela y león,
llegan juntos a beber.
El otro: No puede ser
amor de tanta fortuna:
dos soledades en una,
ni aun de varón y mujer.)

CLXXIV[15]

Otras canciones a Guiomar

A la manera de Abel Martín y de Juan de Mairena

II

Todo amor es fantasía;
él inventa el año, el día,
la hora y su melodía;
inventa el amante y, más,
la amada. No prueba nada,
contra el amor, que la amada
no haya existido jamás.

---

[15] De nuevo composiciones breves y conceptuales, aunque ahora tengan como trasfondo el amor a Guiomar. Octosílabos con algún pie quebrado formando diferentes estrofas.

III

Escribiré en tu abanico:
te quiero para olvidarte,
para quererte te olvido.

V

Te pintaré solitaria
en la urna imaginaria
de un daguerrotipo viejo,
o en el fondo de un espejo,
viva y quieta,
olvidando a tu poeta.

VI

Y te enviaré mi canción:
"Se canta lo que se pierde[16]",
con un papagayo verde
que la diga en tu balcón.

---

[16] Parece que una de las características de la poesía de Machado era que sólo podía escribir sobre lo que ya no tenía.

CLXXV[17]

Muerte de Abel Martín

Pensando que no veía
porque Dios no le miraba,
dijo Abel cuando moría:
Se acabó lo que se daba.

    J. DE MAIRENA: *Epigramas*.

II

El ángel que sabía
su secreto salió a Martín al paso.
Martín le dio el dinero que tenía.
¿Piedad? Tal vez. ¿Miedo al chantaje? Acaso.
Aquella noche fría
supo Martín de soledad; pensaba
que Dios no le veía,
y en su mudo desierto caminaba.

III

Y vio la musa esquiva,
de pie junto a su lecho, la enlutada,
la dama de sus calles, fugitiva,

---

[17] Esta elegía comienza con un tono irónico, pero adquiere un lirismo extraordinario desde la idea de la muerte como ausencia de la mirada de Dios. Silva de rima consonante.

la imposible al amor y siempre amada.
Díjole Abel: Señora,
por ansia de tu cara descubierta,
he pensado vivir hacia la aurora
hasta sentir mi sangre casi yerta.
Hoy sé que no eres tú quien yo creía;
mas te quiero mirar y agradecerte
lo mucho que me hiciste compañía
con tu frío desdén.
                    Quiso la muerte
sonreír a Martín, y no sabía.

V

  Y sucedió a la angustia la fatiga,
que siente su esperar desesperado,
la sed que el agua clara no mitiga,
la amargura del tiempo envenenado.
¡Esta lira de muerte!
                      Abel palpaba
su cuerpo enflaquecido.
¿El que todo lo ve no le miraba?
¡Y esta pereza, sangre del olvido!
¡Oh, sálvame, Señor!
                      Su vida entera,
su historia irremediable aparecía
escrita en blanda cera.
¿Y ha de borrarte el sol del nuevo día?
Abel tendió su mano
hacia la luz bermeja
de una caliente aurora de verano,
ya en el balcón de su morada vieja.

Ciego, pidió la luz que no veía.
Luego llevó, sereno,
el limpio vaso, hasta su boca fría,
de pura sombra —¡oh, pura sombra!— lleno.

Poesías de la guerra (1936-1939)

Bajo este epígrafe se recogen todas las poesías que no se agruparon en libro por cualquier razón. Incluimos en este último apartado las *Poesías de la guerra,* así llamadas porque fueron escritas entre 1936 y 1939, no porque sus temas versaran exclusivamente sobre la contienda.

Poemas profundamente humanos que, con formas clásicas, como el soneto y la silva, o populares, como el romance y la copla, dejan patente la sensibilidad del poeta ante el dolor del hombre.

S LXXVI[1]

La muerte del niño herido

Otra vez es la noche... Es el martillo
de la fiebre en las sienes bien vendadas
del niño. —Madre, ¡el pájaro amarillo!
¡Las mariposas negras y moradas!
—Duerme, hijo mío. Y la manita oprime
la madre, junto al lecho. —¡Oh flor de fuego!
¿Quién ha de helarte, flor de sangre, dime?
Hay en la pobre alcoba olor de espliego;
    fuera, la oronda[2] luna que blanquea
cúpula y torre a la ciudad sombría.
Invisible avión moscardonea.
    —¿Duermes, oh dulce flor de sangre mía?
El cristal del balcón repiquetea.
—¡Oh, fría, fría, fría, fría, fría!

---

[1] El niño, herido por la guerra, muere en brazos de su madre. Soneto de serventesios con distintas rimas.
[2] *oronda:* llena, redonda.

S LXXVII[3]

De mar a mar entre los dos la guerra,
más honda que la mar. En mi parterre,
miro a la mar que el horizonte cierra.
Tú, asomada, Guiomar, a un finisterre[4],
    miras hacia otro mar, la mar de España
que Camoens[5] cantara, tenebrosa[6].
Acaso a ti mi ausencia te acompaña,
a mí me duele tu recuerdo, diosa.
    La guerra dio al amor el tajo fuerte.
Y es la total angustia de la muerte,
con la sombra infecunda de la llama
    y la soñada miel de amor tardío,
y la flor imposible de la rama
que ha sentido del hacha el corte frío.

---

[3] Entre el Mediterráneo y el Atlántico, la guerra ha separado a los amantes. Soneto de serventesios con rimas diferentes.
[4] *finisterre:* literalmente, "fin de la tierra". También es el nombre de un cabo en A Coruña. Aquí debe de referirse al cabo de Roca, en la costa portuguesa, donde se encontraba Pilar de Valderrama.
[5] Luis Vaz de Camoens (1524-1580), poeta portugués, renacentista, autor del poema épico *Os lusiadas*.
[6] *tenebrosa:* oscura, amenazadora; se refiere a la mar que los españoles surcaron hacia América.

S LXXXI[7]

A Líster
Jefe en los ejércitos del Ebro

Tu carta —oh noble corazón en vela,
español indomable, puño fuerte—,
tu carta, heroico Líster, me consuela
de esta, que pesa en mí, carne de muerte.

Fragores en tu carta me han llegado
de lucha santa sobre el campo ibero;
también mi corazón ha despertado
entre olores de pólvora y romero.

Donde anuncia marina caracola
que llega el Ebro, y en la peña fría
donde brota esa rúbrica española,

de monte a mar, esta palabra mía:
"Si mi pluma valiera tu pistola
de capitán, contento moriría".

---

[7] Poema de exaltación patriótica y alabanza a Enrique Líster, militar republicano. Soneto de serventesios con rimas diferentes.

S LXXXIV[8]

El crimen fue en Granada
A Federico García Lorca

I

El crimen

Se le vio, caminando entre fusiles,
por una calle larga,
salir al campo frío,
aún con estrellas, de la madrugada.
Mataron a Federico
cuando la luz asomaba.
El pelotón de verdugos
no osó mirarle la cara.
Todos cerraron los ojos;
rezaron: ¡ni Dios te salva!
Muerto cayó Federico
—sangre en la frente y plomo en las entrañas—
... Que fue en Granada el crimen
sabed —¡pobre Granada!—, en su Granada...

II

El poeta y la muerte

Se le vio caminar solo con Ella,
sin miedo a su guadaña.

---

[8] Dolorido canto por el amigo poeta asesinado el 19 de agosto de 1936, en que se evoca el mundo poético de Lorca por medio de sus ritmos y sus palabras.

—Ya el sol en torre y torre; los martillos
en yunque— yunque y yunque de las fraguas.
Hablaba Federico,
requebrando[9] a la muerte. Ella escuchaba.
"Porque ayer en mi verso, compañera,
sonaba el golpe de tus secas palmas,
y diste el hielo a mi cantar, y el filo
a mi tragedia de tu hoz de plata,
te cantaré la carne que no tienes,
los ojos que te faltan,
tus cabellos que el viento sacudía,
los rojos labios donde te besaban...
Hoy como ayer, gitana, muerte mía,
qué bien contigo a solas,
por estos aires de Granada, ¡mi Granada!"

III

Se le vio caminar...
                        Labrad, amigos,
de piedra y sueño, en el Alhambra,
un túmulo al poeta,
sobre una fuente donde llore el agua,
y eternamente diga:
el crimen fue en Granada, ¡en su Granada!

---

[9] *requebrando:* diciéndole requiebros, palabras agradables y de alabanza.

S LXXXIX[10]

¡Madrid, Madrid! ¡Qué bien tu nombre suena,
rompeolas de todas las Españas!
La tierra se desgarra, el cielo truena,
tú sonríes con plomo en las entrañas.

Madrid, 7 de noviembre de 1936.

S XCII[11]

Estos días azules y este sol de la infancia.

---

[10] En este breve pero intenso poema, el autor se dirige a Madrid para ponderar su actuación como protectora de España. Serventesio de versos endecasílabos.
[11] Último verso escrito por Antonio Machado, poco antes de morir. Es un verso alejandrino.

Estudio de la *Antología poética* de Antonio Machado

Por Luis García-Camino Burgos

Introducción

En Antonio Machado, su tiempo, su vida y su obra forman un conjunto indivisible, porque fue un hombre de su momento que vivió intensamente todo cuanto ocurrió a su alrededor; de esta experiencia nació su poesía.

Sólo por razones de claridad, vamos a separar el estudio de estos tres elementos, a sabiendas de que podemos presentar una visión fragmentada de la realidad.

1. Estudio de la época

1.1. El marco histórico y social

LOS ÚLTIMOS AÑOS DEL SIGLO XIX

Seis meses antes del nacimiento de nuestro autor se había restaurado la monarquía de los Borbones, con la proclamación de Alfonso XII como rey. Desde este momento van a turnarse pacíficamente en las tareas del gobierno de España los conservadores de Antonio Cánovas del Castillo y los liberales de Práxedes Mateo Sagasta, en una especie de acuerdo para permitir cada uno de ellos que el otro saque el máximo provecho de su periodo de gobierno. Con esta actitud lo que se consigue, en realidad, es que los ricos terratenientes, que hacen y deshacen a su antojo, sigan siendo los dueños del poder.

Por debajo de ellos se encontraba la pequeña burguesía, que hace oír sus críticas contra la situación de injusticia social y de corrupción, sobre todo por medio de los intelectuales, disconformes con una sociedad que no ve el grado de decadencia en que se encuentra España y que no reacciona para intentar su recuperación.

La clase obrera —los campesinos y los primeros proletarios— soporta unas durísimas condiciones de vida, razón por la que asumió con facilidad las ideas revolucionarias que comenzaban a extenderse por España: anarquismo y socialismo, principalmente.

El periodo de la Restauración, a base de mantener estas estructuras de clase y de llevar a cabo una política proteccionista, consiguió disfrutar de cierta estabilidad, lo que dio lugar a un visible crecimiento económico, que iba unido al desarrollo de la naciente industria.

Pero en 1898 tiene lugar el "Desastre": tras varios años de lucha infructuosa y de muerte para tantos jóvenes, el día 1 de mayo, en la bahía de Manila, los cañones norteamericanos hunden los buques de la escuadra española. El 3 de julio se repite la misma situación en Cuba. Por fin, el 10 de diciembre se firma la renuncia a Cuba, Puerto Rico, Filipinas, Carolinas, Marianas y Palaos. Era el final del que fue gran imperio español.

Se apodera de España una auténtica sensación de crisis: terminaba una época y dejaban de tener sentido unas estructuras que no respondían a la nueva situación. Había que enfrentarse a unas nuevas circunstancias y reflexionar sobre la realidad verdadera y el futuro de la nación. Esto es lo que hace la llamada "generación del noventa y ocho".

El siglo XX. De Alfonso XIII a la República

Nada cambia políticamente en los primeros años del siglo: siguen turnándose los gobiernos, el parlamento no representa a nadie, los poderosos no están dispuestos a perder sus privilegios, la clase media no tiene fuerza para imponerse como grupo social. Sólo los trabajadores comienzan a moverse, hasta llegar a ser considerados un problema: el **problema obrero.**

A la vez asistimos a una creciente conciencia nacionalista en Cataluña. Este y algunos otros factores explican el estallido de la Semana Trágica de Barcelona en 1909 y la huelga general de 1917. Desde ese momento la situación se hace cada vez más confusa y con ello da comienzo la descomposición del régimen.

En 1923 el general Primo de Rivera da un golpe de Estado que el rey aceptó y la mayoría del pueblo recibió con agrado. Primo de Rivera obtuvo un resonante triunfo al terminar victorioso la guerra de Marruecos. Cambió el Directorio Militar por un Directorio Civil que, aprovechando la favorable situación internacional durante los "felices años veinte", impulsó el crecimiento económico e industrial. Pero la oposición al régimen por parte de intelectuales, obreros y estudiantes se fue haciendo cada vez mayor desde 1927, y en 1930 el rey encargó al general Berenguer que formase un nuevo gobierno.

Las elecciones municipales del 12 de abril de 1931 dieron una evidente mayoría a las fuerzas republicanas en las grandes ciudades, lo que llevó a Alfonso XIII a abandonar el país para evitar una guerra civil. El día 14 de abril de 1931 se proclamó la República.

La República y la Guerra Civil

La Segunda República emprendió una labor decididamente reformista en todos los órdenes: político, económico y cultural, lo que duraría hasta 1933. En esta tentativa estuvieron de acuerdo los políticos representantes de las clases medias y de los obreros; pero pronto surgieron algunos obstáculos insalvables, como la grave crisis mundial conocida como el "crack" de 1929, al que siguieron los "sombríos años treinta".

Por otra parte, se hicieron evidentes profundos desacuerdos entre las diferentes tendencias, que degeneraron en enfrentamientos y asesinatos. En febrero de 1936 se constituye el Frente Popular, el comunismo adquiere una fuerza notable y la Falange, creada en 1933, se convierte en un poderoso movimiento de inspiración fascista.

Este cúmulo de tensiones dio lugar a una conspiración militar que estalló el 18 de julio, provocando la sangrienta

Guerra Civil que asoló España durante tres años y terminó con el triunfo de los sectores conservadores y tradicionales, sobre los que se apoyará la dictadura del general Franco.

1.2. El marco cultural

LAS CORRIENTES INTELECTUALES

Fueron diversas las corrientes ideológicas que surgieron en los últimos años del siglo XIX y en los primeros del XX ante el estado de cosas que se ha descrito; entre ellas, tuvo una especial importancia el krausismo, postura basada en las ideas del filósofo alemán Karl Krause, que fueron introducidas en España por su discípulo Julián Sanz del Río (1814-1869); esta línea de pensamiento se caracterizaba por la fe en la razón y en la ciencia, por el europeísmo y la búsqueda de una religión racional y cercana a la naturaleza, y contaba con la oposición de la Iglesia Católica y de los pensadores más conservadores y tradicionalistas, como Marcelino Menéndez y Pelayo.

Algunos krausistas, entre los que se encontraban Francisco Giner de los Ríos, Gumersindo de Azcárate y Nicolás Salmerón, junto con Joaquín Costa y Bartolomé Cossío, crearon en el año de 1876 la Institución Libre de Enseñanza, opuesta a la educación oficial, donde se formarán los principales intelectuales del siglo XX. Su importancia en la renovación de la metodología educativa y científica fue extraordinaria, y ejerció una influencia decisiva en la evolución ideológica y liberal de la España contemporánea. Su propósito era mejorar la educación y la cultura en una minoría que luego se encargase de la formación –y dirección– del resto de los españoles, con lo que se conseguiría la renovación cultural de todo el país.

En esta idea se apoyaron los **regeneracionistas**, que canalizaron el malestar de las clases medias. Joaquín Costa fue su más importante ideólogo. Por otro lado, el auge y la difusión de los grandes principios del **socialismo** dieron mayor protagonismo a los movimientos obreros.

Al mismo tiempo, ciertas doctrinas cercanas al fascismo se abrían paso entre los jóvenes, descontentos con la falta de voluntad del país, y se difundían con rapidez desde que, en 1933, José Antonio Primo de Rivera creara la Falange.

A pesar de todas estas complicaciones ideológicas y sociales, la vida intelectual alcanza una importancia extraordinaria: se habla de una "Edad de Plata" en nuestra literatura.

1.3. El marco literario

El tradicional retraso de la literatura española con respecto a la de otras naciones, sobre todo europeas, se supera durante esta época, desde los últimos años del siglo XIX hasta la Guerra Civil, porque durante estos cincuenta años, aproximadamente, la literatura española vivió uno de sus periodos más brillantes. La generación modernista (los hombres y mujeres –artistas o no– que vivieron en torno a esos años y compartieron los mismos problemas y preocupaciones) y sus diversos grupos literarios, renovaron las ideas estéticas y elevaron la calidad de sus producciones artísticas hasta un nivel comparable al de cualquier otro país. De estos grupos hablamos a continuación.

El modernismo

Surge este grupo por el deslumbramiento que en España supuso la nueva corriente poética de inspiración francesa, pero de nacimiento americano, que plantea una estética nueva y libre, decididamente contraria a las antiguas normas.

Tras algunos intentos anteriores, el poeta nicaragüense Rubén Darío crea el nuevo estilo y será maestro de grandes poetas de un lado y otro del Atlántico. Así, el colombiano José Asunción Silva, el boliviano Ricardo Jaimes Freyre, el argentino Leopoldo Lugones, el mexicano Amado Nervo, el uruguayo Julio Herrera y Reissig, y otros de Honduras, de Paraguay, de Guatemala, Venezuela, Puerto Rico... Se puede decir que cada país cuenta con un buen poeta modernista entre sus literatos, pero sería interminable la relación. Para terminar, baste con citar a los españoles Juan Ramón Jiménez y Antonio Machado, que se iniciaron en la poesía de la mano del más puro modernismo en su vertiente más intimista.

Los caracteres esenciales del modernismo son los siguientes:

- Sus componentes buscan la renovación de la literatura por los caminos de la belleza.
- Su literatura es fantástica, amante de lo exótico.
- Su poesía se dirige, sobre todo, a los sentidos; está llena de recursos sensoriales, de colorido, brillantez y sonoridad.
- En cuanto al ritmo, se recurre a la versificación clásica de Grecia y Roma y se incluyen novedades rítmicas y formales de todo tipo en el esquema de las estrofas tradicionales.
- Repetición de "motivos" típicos, como cisnes, lagos, flores de lis, pavos reales, palacios, princesas, piedras preciosas y flores exóticas, más llamativas por lo extraordinario de sus nombres (lapislázuli, nelumbos, asfódelos...) que por ellas mismas.
- Ello supone un enriquecimiento musical del lenguaje, que será retórico, artificial y de intención estética, lo cual predomina sobre el contenido de la obra.
- Estos artistas crean, en resumen, un movimiento cosmopolita, nacido de la síntesis de varias tendencias anteriores, tanto españolas como extranjeras: el barroco,

el romanticismo (del que heredan la desazón, la melancolía y el gusto por escenarios que despiertan esos sentimientos, como paisajes otoñales, crepúsculos, hechos legendarios); el parnasianismo (del que toman la brillantez, el culto a la forma, el equilibrio), y el simbolismo (que hizo resaltar la importancia de los símbolos para descubrir lo oculto de la realidad, la musicalidad y los tonos difuminados).

El grupo del 98

Su nombre procede del año en que se produce el "Desastre". Los escritores y pensadores de esta generación dejan el ensueño y quieren bajar a la realidad. El grupo lo forman Ángel Ganivet, José Martínez Ruiz (Azorín), Pío Baroja, Miguel de Unamuno, Antonio Machado (en su segunda época) y Ramiro de Maeztu.

- Los miembros de este grupo cultivan una literatura basada en la realidad: España, su historia, su paisaje, pero desde la perspectiva de un evidente subjetivismo de tono marcadamente pesimista.
- Es una literatura preocupada por los problemas, el futuro y la esencia de España.
- Los componentes del grupo pretenden remover las conciencias, hacer que los españoles salgan de su "marasmo", de su mortal apatía, que consideran causante de la decadencia de España.
- Como "motivos" sobresalen la patria –pasado, presente y futuro–, el tiempo inexorable que conduce a la muerte y, en la lejanía, la idea de Dios como eternidad posible.
- Para expresar lo dicho, nuestros autores construyen, en fin, una lengua natural, ceñida a las cosas, evocadora, "definitoria", al servicio de la inteligencia, válida para to-

dos, pero sin caer en el descuido o la improvisación. Todos se preocupan por encontrar un estilo verdaderamente expresivo, y algunos de ellos se convierten en maestros indiscutibles de la perfección formal, como Azorín.

El novecentismo

Esta corriente señala un nuevo camino a la literatura española en el primer tercio del siglo XX, aunque comparte características con los grupos anteriores y con los autores de la generación del 27. Forman parte de ella pensadores, políticos, novelistas y poetas, entre los que destacan Ortega y Gasset, Eugenio d'Ors, Manuel Azaña, Gabriel Miró, Pérez de Ayala y Juan Ramón Jiménez.

- Del modernismo estos autores toman el cuidado exquisito de la forma y su atracción por el arte universal; del grupo del 98, la preocupación por la política y la sociedad; pero, a diferencia de los anteriores, son liberales burgueses.
- Los integrantes del grupo creen necesario un cambio en la concepción del arte y dicen que es preciso esmerar la sensibilidad y los gustos estéticos de las minorías cultas del país, y que éstas deben desarrollar una intensa labor educativa para dignificar el estamento popular.
- Defienden un arte que atienda más a la calidad formal que al contenido y a los sentimientos.
- Así, su literatura será muy intelectual, muy cerebral y perfecta, en detrimento de la cordialidad y del calor humano.

Las vanguardias

Contra esa concepción racional del arte surgen en el primer cuarto de siglo las vanguardias, que en la Europa de entreguerras (1918-1939) desafían –como los novecentistas– a la burguesía poco culta o poco sensible. Los movimientos de vanguardia más importantes fueron el expresionismo, el futurismo, el cubismo, el dadaísmo y también el surrealismo.

Los seguidores de estas corrientes vanguardistas:

• Exaltan la modernidad, el maquinismo, la velocidad, lo no tradicional.

• Proclaman la autonomía del arte frente a la moral y los sentimientos.

• Buscan lo nuevo, lo original y lo ingenioso.

En América hubo un plantel de excelentes poetas vanguardistas, que fueron esenciales para su literatura tanto como para la española. Así, Vicente Huidobro, creador de los movimientos de vanguardia en América Latina y, en general, en el ámbito de lengua española, es —junto a César Vallejo, Oliverio Girondo, Carlos Drummond de Andrade, Pablo Neruda y Nicolás Guillén— uno de los fundadores de la poesía latinoamericana de la primera mitad del siglo XX.

El grupo del 27

Este grupo supera a los movimientos anteriores y logra una síntesis que comprende lo culto, lo romántico, lo modernista, lo vanguardista y lo humano. Halla un perfecto equilibrio entre tradición y renovación, con el que sus componentes alcanzaron las cimas más altas de la poesía universal. Entre ellos destacan Jorge Guillén, Pedro Salinas, Federico García Lorca, Rafael Alberti, Vicente Aleixandre, Luis Cernuda, Gerardo Diego, Dámaso Alonso, Emilio Prados y Manuel Altolaguirre.

2. El autor y su obra
2.1. El autor. Trayectoria vital

Ascendencia

Los padres del poeta fueron don Antonio Machado Álvarez y doña Ana Ruiz Hernández: ella era una bella mujer andaluza y morena, de extraordinaria dulzura. El padre, Antonio Machado Álvarez, escritor y folklorista, hombre culto y liberal, lo que influirá en el futuro de su hijo, quien nos dirá más tarde:

"Hay en mis venas gotas de sangre jacobina
pero mi verso brota de manantial sereno..."

Comienza la vida del poeta

"Mi infancia son recuerdos de un patio de Sevilla,
y un huerto claro donde madura el limonero..."
"Nací en Sevilla una noche de julio de 1875 en el célebre Palacio de las Dueñas." "Anoto este detalle [...] por la huella que en mi espíritu ha dejado la interior arquitectura de ese viejo caserón."

Allí su infancia transcurre feliz con su hermano Manuel, mayor que él, y más tarde con José y con Joaquín. Después, en Madrid, nacerían sus dos últimos hermanos: Francisco y Cipriana, que murió al poco tiempo.

Juventud y formación

"... mi juventud, veinte años en tierra de Castilla..."
"Mi adolescencia y mi juventud son madrileñas."

"Desde los ocho a los treinta y dos años he vivido en Madrid."

"Me eduqué en la institución Libre de Enseñanza y conservo gran amor a mis maestros: Giner de los Ríos, el imponderable, Cossío, Caso, Sela, Sama (ya muerto), Rubio, Costa (D. Joaquín —a quien no volví a ver desde mis nueve años—)."

La influencia que ejerció la Institución Libre de Enseñanza en el poeta fue decisiva para su formación racionalista, para su amor por la naturaleza, para su gusto por el diálogo y para su cordialidad humana. En todo ello influyó sobremanera D. Francisco Giner de los Ríos. "En mí no hay otro bagaje de cultura que el adquirido en mis años infantiles de los 9 a los 19, en que viví con esos santos varones de la Institución Libre de Enseñanza."

En 1889 comienza en el Instituto de San Isidro sus estudios de bachillerato. Luego pasó al Cardenal Cisneros. No consiguió el título de Bachiller hasta 1900.

Sus años de juventud transcurren, junto con su inseparable hermano Manuel, y comienza a colaborar en revistas donde ven la luz sus primeros poemas. Paralelamente, la vida de Antonio también es tranquila: lee incansablemente, sobre todo a Lope de Vega, recorre las salas del Museo del Prado, va a los conciertos, a los mítines políticos...

DIFICULTADES FAMILIARES. PRIMEROS TRABAJOS

"... mi historia algunos casos que recordar no quiero."

Dificultades económicas de la familia llevaron a su padre, en 1892, a trabajar como oficial del Registro en Puerto Rico, pero enfermó gravemente y murió a su regreso, en 1893, en Sevilla. La responsabilidad de la casa pasó a doña

Ana, con escasísimos recursos, de manera que los hermanos Machado debieron ponerse a trabajar. Intervinieron en la redacción del *Diccionario de ideas afines,* de Eduardo Benot. Cobran algunas colaboraciones en revistas; Antonio, incluso, obtiene pequeños papeles en algunas obras de teatro.

París

En 1899 Manuel y Antonio deciden trasladarse a París donde trabajaron como traductores y redactores de un diccionario hispánico que preparaba la editorial Garnier.

A esta estancia de varios meses le sigue otra en 1902 "En este año conocí en París a Rubén Darío" y la influencia de este poeta unida a la amistad creciente con Villaespesa, Valle-Inclán y, sobre todo, Juan Ramón, que acababa de llegar a Madrid "para luchar por el modernismo", orientan a nuestro poeta en esa dirección, aunque luego depure su verso hacia una posición más intimista, como él nos confiesa en el *Retrato:*

"Adoro la hermosura, y en la moderna estética
corté las viejas rosas del huerto de Ronsard..."

De modo que, en este momento, Antonio Machado se convierte en el puente entre los modernistas, por su admiración a Rubén, y los autores del 98, por su posición de patriota preocupado por España, que se acrecentará un poco más adelante.

Primeras publicaciones

En algunas revistas aparecen con frecuencia poemas de Machado, y, por fin, conmoverá a los modernistas la aparición de *Soledades* "... publicada en 1902, aunque con fecha de 1903". Más tarde reelabora este primer libro y en 1907 lo publica bajo el título de *Soledades. Galerías. Otros poemas*.

El descubrimiento de Castilla. Leonor

"En 1906 hice oposiciones a cátedras de francés y obtuve la de Soria, donde he residido hasta agosto de 1912..." Había llegado el día 4 de mayo de 1907 a la ciudad castellana que cambiaría su vida y su visión del mundo y de la poesía:
"... mas recibí la fecha que me asignó Cupido,
y amé cuanto ellas pueden tener de hospitalario."

El 21 de septiembre de 1907 conoce a Leonor Izquierdo Cuevas, sobrina de los dueños de la pensión. Antonio se enamora, pero no se atreve a declararle su amor, porque une su natural timidez al obstáculo que representa la edad –él tiene treinta y dos años y ella trece.

A pesar de todo, dos años más tarde, contraen matrimonio.

*Antonio Machado
y Leonor el día
de su boda*

Esta época será recordada siempre por el poeta como la más dichosa de su vida. Cumplía con su labor de catedrático, aunque no sentía ninguna predilección por ella; hizo amistad con los intelectuales de Soria, fue elegido miembro de la Academia de la Poesía Española. Trabajaba con entusiasmo para terminar su nuevo libro, y era feliz con su joven esposa.

A finales de 1910 obtiene una bolsa de 250 pesetas mensuales de la Junta de Ampliación de Estudios para ir a París acompañado de Leonor. Allí visitan a Rubén Darío y a su compañera, la española Francisca Sánchez, pero sobre todo disfruta enseñando a Leonor la ciudad de la que tanto le había hablado.

Enfermedad y muerte de su esposa

Este tiempo de dicha se interrumpió trágicamente el 14 de julio de 1911, día de la fiesta nacional francesa. Leonor tuvo un vómito de sangre, la terrible hemoptisis. Antonio busca en vano un médico que la atienda. Al día siguiente ingresa en un sanatorio y allí permanecerá cerca de dos meses hasta que, en septiembre, con unos pocos francos que les prestó Rubén, regresaron a Soria. El poeta intenta lo imposible por curarla, pero sin éxito y, desesperando ya del milagro, trata de contagiarse de la enfermedad por todos los medios para no sobrevivir a su amada.

A finales de julio de 1912 aparece *Campos de Castilla*. Le lleva a Leonor el primer ejemplar dedicado: "A mi Leonorcica del alma, Antonio." El día 1 de agosto, a las diez de la noche muere Leonor. El día 3 recibió tierra en el cementerio del Espino. Sobre su tumba se colocó una lápida de mármol cuyo epígrafe escribió el poeta:

Q.E.P.D.
DOÑA LEONOR IZQUIERDO DE MACHADO

1 AGOSTO 1912
A LEONOR
ANTONIO

La huida a Andalucía. Baeza

Tras la muerte de su esposa, Antonio necesitaba huir de Soria, donde su recuerdo permanecía en cada rincón.

"Procuro, no obstante, cumplir con mi deber."

Pidió traslado al Instituto General y Técnico de Baeza, donde permaneció desde el primer día de noviembre del mismo año.

Una vida monótona y aburrida que, unida al particular abatimiento de nuestro poeta deriva en pesimismo y soledad. Sólo le sacan de ella, como nos ha dicho, la lectura, su correspondencia y su afición a los paseos y excursiones: "De 1912 a 1919, [he viajado] desde Baeza a las fuentes del Guadalquivir y a casi todas las ciudades de Andalucía".

Por estos años comienza a tomar notas en un cuaderno de todo lo que se le ocurre en materia de poesía —propia o extraña—, filosofía, correspondencia, notaciones bibliográficas, apuntes de clase... con el título de *Los Complementarios* y se publicó en 1949.

Durante su estancia en Baeza, y más concretamente en 1917, podemos decir que se produce el reconocimiento público de Antonio Machado como poeta. Y es que en ese año aparece una antología de su obra, *Páginas escogidas* editada por el famoso Saturnino Calleja, y la primera edición de sus *Poesías completas* en la Colección Literaria de la Residencia de Estudiantes.

De nuevo en Castilla. Segovia

En 1919 consiguió una vacante en el Instituto de Segunda Enseñanza de Segovia. A aquella ciudad llegó el 26 de noviembre. Era su reencuentro con Castilla.

Participó con sus amigos en la fundación de la Universidad Popular, una institución libre, abierta a todos, aunque dirigida especialmente a los más pobres, para los que se organizaban cursos y conferencias. Con ellos mismos crea la Liga Provincial de Derechos del Hombre. Colabora en diarios y revistas de Madrid y de Segovia. Crece su prestigio. Escribe más ensayos que poesía, lo que no obsta para que en 1924 aparezcan sus *Nuevas Canciones*, libro compuesto entre Baeza y Segovia.

En 1927 fue elegido miembro de la Real Academia Española de la Lengua; pero nunca llegó a leer su discurso de ingreso ni a ocupar su sillón.

Guiomar

Y en 1928, cuando menos podía esperarlo, el amor volvió a hacer florecer su viejo y dolorido corazón.

"Nel mezzo del cammin pasóme el pecho
la flecha de un amor intempestivo..."

Se llamaba Pilar de Valderrama, era escritora y estaba casada. Para el poeta ella será Guiomar, su grande y último amor que duró hasta finales de 1935 cuando la familia de Guiomar, por miedo de la guerra, se trasladó a Estoril.

La República. Los años de Madrid

Estaba Antonio Machado en Segovia el día 14 de abril de 1931 cuando se proclamó la República. Él fue uno de los

"... viejos republicanos [que] izamos la bandera tricolor en el Ayuntamiento de Segovia..."

Ese mismo año Machado se trasladó al Instituto Calderón de la Barca de Madrid. Su vida no cambia casi nada. Únicamente lo reconfortan las secretas citas con Guiomar.

Se estrenaron con éxito las obras teatrales que compuso con su hermano Manuel. En 1933 Editorial Espasa-Calpe publica la tercera edición de sus *Poesías Completas*, y en 1936, la cuarta, que incluye nuevas páginas. El mismo año ve la luz, también en Espasa-Calpe, su *Juan de Mairena (Sentencias, donaires, apuntes y recuerdos de un profesor apócrifo)*.

La guerra, el exilio...

El comienzo de la guerra sorprende al autor en Madrid, que toma partido por el bando republicano. Desde allí será evacuado a Valencia en 1937. De Valencia fue conducido a Barcelona. Allí, viejo y enfermo de arterioesclerosis, mantiene una dignidad extraordinaria hasta que el día 22 de enero del 39 salió de Barcelona camino de Francia. "Después de un éxodo lamentable, pasé la frontera con mi madre, mi hermano José y su esposa, en condiciones empeorables (ni un sólo céntimo francés)."

Por el camino pierde un maletín con las cartas de Guiomar, entre otras importantes pertenencias. En Collioure, pueblecito muy cercano a la frontera, un mes después, cobraron dramática realidad aquellos premonitorios versos del *Retrato*:

"Y cuando llegue el día del último viaje,
y esté al partir la nave que nunca ha de tornar,
me encontraréis a bordo ligero de equipaje,
casi desnudo, como los hijos de la mar."

... Y LA MUERTE

El 22 de febrero de aquel 1939, miércoles de ceniza, sólo tres días antes que su madre, murió uno de los más grandes poetas de nuestra literatura. En sus labios dos palabras: "Adiós, madre". En el bolsillo de su abrigo, su último verso:

"Estos días azules y este sol de la infancia..."

2.2. Ideología y carácter

A lo largo de su biografía hemos podido comprobar la importancia que para el gran poeta tuvo su educación, tanto la familiar como la que recibió en la Institución Libre de Enseñanza. Ambas se encuentran en la línea del liberalismo reformista, centrado en la educación de las minorías dirigentes. Pronto las ideas de Machado se orientaron hacia el populismo, sobre todo tras su contacto con la pobreza y las desigualdades entre las clases sociales en Andalucía y después de haber conocido los movimientos obreros, con los que simpatizó enseguida: "En España, todo lo que no ha hecho el pueblo, está por hacer", leemos en *Juan de Mairena*. Sus posiciones se hicieron más revolucionarias en los últimos tiempos.

Es decir, recorrió el camino contrario a los del grupo del 98, lo que no impide su adscripción a este movimiento. Lo importante no es la trayectoria que se siga, sino la preocupación por el problema, y Machado se comprometió con el problema de España. Pero no le satisfacían las soluciones de los regeneracionistas y los componentes del grupo del 98 y fue mucho más revolucionario que ellos.

En cuanto a su carácter, era famosa su amabilidad; no son pocos los que se refieren a él como don Antonio Machado "el bueno", seguramente porque todos los que llegaron a conocerle confirmaron las palabras de su propio retrato:

"Soy, en el buen sentido de la palabra, bueno".

Hay, de todas formas, algunos rasgos: el escepticismo y un espíritu amablemente burlón, que nuestro poeta compartió con Juan de Mairena, su "otro yo", personaje creado por Machado para representar a un filósofo y retórico popular, creador también de una "máquina de cantar".

3. Estudio de la obra

3.1. El concepto machadiano de poesía

En la antología de Gerardo Diego (1931) figura una poética de Antonio Machado que vale, sin duda, para el conjunto de su obra. Destaca en ella la frase: "La poesía es la palabra esencial en el tiempo". De este modo quería nuestro poeta sintetizar su doble objetivo: captar con una palabra precisa, exacta, la esencia de las cosas, lo permanente de las cosas y, a la vez, su fluir temporal, su transcurrir en el tiempo. Esta "temporalidad" obliga al poeta a transmitir, no la idea del tiempo, sino la emoción del tiempo; el lector, por medio de las imágenes que el poeta crea, debe "sentir" el tiempo: "La poesía es el diálogo del hombre, de un hombre, con su tiempo". En estas afirmaciones está la base de esa sensación de calor humano que impregna toda su obra.

A pesar de todo, desde el punto de vista estético, es indudable su arranque modernista, que, por ser español, significa romanticismo becqueriano y simbolismo, como puede apreciarse en *Soledades*. Estas huellas no desaparecerán nunca, pero pronto se propuso Machado la tarea de depurar su estilo, lo que le llevaría hacia una sencillez y una densidad mucho más de acuerdo con el carácter antirretórico del 98.

3.2. La obra poética

SOLEDADES

Este libro aparece en el año 1903, en pleno modernismo. Luego Machado suprimió algunas composiciones, las más "sonoras", realistas y superficiales, y añadió otras, más "simbolistas", más misteriosas, en las que la realidad absoluta no existe, pero sí algunos símbolos de esa realidad; todo en ellas está más sugerido que definido.

Como consecuencia de esos cambios, en 1907 aparece *Soledades. Galerías. Otros poemas;* entonces se declara diferente del modernismo imperante, aunque confiesa su seguimiento de Rubén Darío: "Pensaba yo que el elemento poético no era la palabra por su valor fónico, ni el color, ni la línea, ni un complejo de sensaciones, sino una honda palpitación del espíritu; lo que pone el alma, si es que algo pone, o lo que dice, si es que algo dice, con voz propia, en respuesta animada al contacto del mundo".

Sin embargo, él mismo se reconoce como "ese modernista del año tres". Pero el de Machado es un modernismo intimista y subjetivo, que recuerda a Bécquer o a Rosalía de Castro. Escribe "mirando hacia dentro", tratando de apresar en un íntimo monólogo los temas universales: el tiempo, la muerte y Dios. Y junto a ellos, nostálgicos recuerdos de infancia, delicadas evocaciones de paisaje y un amor, probablemente literario. Soledad, melancolía y angustia son las sensaciones que predominan en estos poemas.

El libro está construido sobre unas realidades simbólicas, motivos recurrentes con los que el autor entabla diálogos líricos: la tarde, la sed, el agua, la noria, las galerías, los frutos maduros, la dama misteriosa, el camino, el sueño..., todos constituyen apariencias de realidades profundas. Y todos ellos aluden a lo que quizá es el tema central: la búsqueda del "yo" más íntimo y verdadero; pero esta búsqueda está condenada al fracaso. Mientras el tiempo pasa, la juventud, el amor y la felicidad se pierden.

Soledades "es el primer libro español del cual está íntegramente proscrito lo anecdótico", sólo está lo sustancial, lo íntimo.

Algunos símbolos de *Soledades* son:

• La **tarde.** Ocaso, sol que muere, crepúsculo, muere el día, tardes siempre melancólicas para el poeta. La tarde (lucha de la luz contra la sombra) es el símbolo de las dos fuerzas que combaten en el corazón del hombre. Por ello, Machado ve en la tarde su propia alma: "tarde... / destartalada como el alma mía".

• Las **galerías** son "caminos subterráneos por los que se camina a oscuras, en los que es imposible saber", son los recovecos del alma, los recuerdos, los anhelos...

• El **agua** simboliza —desde Heráclito o Jorge Manrique— el paso del tiempo. Agua que corre del mismo modo que se nos pasa la vida. Pero también agua es el remedio que calma el deseo, la sed; o testigo mudo del paso del tiempo, retenida en la fuente simbólica que creara Verlain, desde donde dialoga con la tarde.

• Los **frutos maduros** son las cosas deseables, las ilusiones.

• El **camino** simboliza la vida.

• El **sueño** representa "la consciencia". El tema del sueño no aparece únicamente en *Soledades,* está presente en toda la obra de Machado. Es el más señalado por la crítica, pero el más difícil de estudiar. Su significado —desechando los demás—: "actividad de orden onírico; representación en la fantasía de sucesos, mientras dormimos". Pero también puede ser mientras no dormimos, no hay distinción semántica. Así lo siente Machado: aconseja a los poetas fijarse en los sueños de su vigilia. Lo del poeta debe ser un "soñar despierto", "este insomne sueño mío...". "Hay que tener los ojos, como observa Mairena, muy abiertos para ver las cosas como son, aún más abiertos para verlas otras de lo que son; más abiertos todavía para verlas mejores de lo que son." Recordar los sueños es conocerse. Lo que se sueña dormido representa lo que ni siquiera se atreve uno a pensar.

Campos de Castilla

El encuentro de Machado con Castilla fue esencial para su poesía y para la poesía española posterior. *Campos de Castilla* se publicó en 1912 —poco antes de la muerte de Leonor—, y en la primera edición de *Poesías completas* (1917) se ve incrementado en 46 composiciones y bastantes "proverbios y cantares", casi todos escritos en Baeza y Madrid.

El propio autor dice al hablar de los temas: "A una preocupación patriótica responden muchas de ellas; otras, al simple amor a la naturaleza, que en mí supera infinitamente al del arte. Por último, algunas rimas revelan las muchas horas de mi vida gastadas —alguien dirá: perdidas— en meditar sobre los enigmas del hombre y del mundo". Estas últimas seguirán siendo intimistas, como en el libro anterior, o breves, sentenciosas y populares.

La poesía añadida, lo nuevo, está en los cuadros de paisajes, la gente castellana y las meditaciones sobre España. Machado pretendía ser objetivo y, si bien es cierto que los paisajes son reales, observados directamente, también lo es que el poeta selecciona lo duro, lo pobre, lo austero, lo triste, lo épico, lo guerrero, y acentúa con los adjetivos todo lo que sugiera soledad, fugacidad o muerte. Así es su visión lírica de Castilla, la de una tierra ascética.

El segundo tema es la reflexión sobre España hecha desde posiciones críticas, regeneracionistas, en las que no puede faltar el deseo esperanzado de un futuro sonriente, que él encomienda a la juventud luchadora y optimista, en contra de esa España triunfalista que se va derrumbando mientras sueña con pasadas glorias. Estos poemas están construidos con una estructura muy similar, cuyos componentes básicos son la conciencia inmediata del pasado, el rechazo del presente y una cautelosa esperanza en el futuro. Es una visión crítica, histórica y progresista, como se muestra en el poema CXLIV.

Todos los temas de paisaje, filosóficos o históricos, son dinámicos: poemas que ante el lector "discurren" y es difícil saber qué forma predomina, si la descripción, la narración o la meditación, ya que las tres suelen presentarse dándose origen una a otra.

"La tierra de Alvargonzález" constituye un intento de "escribir un nuevo romancero", que fuera expresión popular de "lo elemental humano". Se trata de un estremecedor documento sobre la muerte de un labrador a manos de sus hijos, movidos por la codicia.

Inicia también Machado en este libro un nuevo modo de poesía, que irá creciendo en libros posteriores: los "proverbios y cantares". Algunos son destellos líricos que surgen de las insistentes preocupaciones del poeta, otros son filosóficos, aspecto que dominará en el libro siguiente. Veintiocho de éstos fueron añadidos en la edición de las *Obras completas* de 1917.

De los poemas añadidos —que en nuestra antología son los que no llevan asterisco junto al número—, los escritos tras la pérdida de Leonor son los que presentan la línea poética más interesante de la obra, en dos sentidos: por una parte, en ellos consigue el autor que la emoción personal modifique el paisaje, o mejor dicho, los paisajes —el castellano y el andaluz—, provocando un verdadero lirismo en el sentido tradicional del término, y una expresión poética muy cordial y muy humana; porque a través de las palabras notamos que se nos está comunicando un dolor real y hondo.

Por otro lado, con ellos se desarrolla una "cronología del sentimiento", desde la esperanza de curación expresada simbólicamente en el poema CXV, "A un olmo seco", y la llegada inevitable y dolorosa de la muerte (poema CXXIII); el grito herido que el hombre dirige a su Señor (CXIX); la absoluta soledad (CXXI); y la esperanza de una resurrección, del triunfo de la primavera sobre la muerte (CXX y CXXIV); hasta la recuperación de la amada por medio de la ensoñación (CXXII). El final de esta historia se nos contará en la epístola "A José M.ª Palacio" (poema CXXVI), donde el poeta parece aceptar, tras un año sin la amada, la tremenda realidad de la muerte.

Por último, en este libro hay una serie de "Elogios" a diversos personajes del mundo de la cultura, a los que Machado tenía verdadera admiración y, en muchos casos, gratitud. Así ocurre con Giner de los Ríos, Azorín, Rubén Darío, Unamuno, Ortega y Gasset, Juan Ramón Jiménez, etcétera.

En fin, *Campos de Castilla* supuso un evidente cambio con respecto a *Soledades*. El poeta deja de ser tema de sus composiciones y el punto de vista se desplaza hacia lo que le rodea, con una intención casi siempre épica, crítica o filosófica. El libro no tiene una verdadera unidad, es como una búsqueda de nuevas formas que el autor va probando sucesivamente. Esto no quita méritos a su obra, esencial en la literatura contemporánea, porque lo importante de este libro es la unidad de sentimiento; dicho de otro modo: la unidad está en la verdad apasionada del poeta, que se trasluce en todo lo que escribe.

Nuevas canciones. De un cancionero apócrifo.
Poesías de la guerra

Después de la muerte de Leonor, Machado se orienta por el camino de la filosofía. De todas formas, en 1924 publicó *Nuevas canciones*, y más tarde, *De un cancionero apócrifo* —una de las secciones de sus *Obras completas* desde 1928— y *Poesías de la guerra*.

Poco aportan estos libros, tras la genialidad de los dos primeros, a la poesía española, que en esos momentos seguía otros caminos. Pero el sentir del autor queda reflejado en los poemas que más tienen que ver con su vida, como los que hacen referencia a su último amor: Guiomar.

Por otra parte, ningún espíritu con un mínimo de sensibilidad podía permanecer impasible ante el terrible desgarro que suponía la Guerra Civil en todos los órdenes de la vida. Machado escribió poemas laudatorios a los héroes de la contienda, arengó a los defensores de Madrid, se dolió de la separación de Guiomar; pero, sobre todo, volvió a emocionarnos con composiciones como "La muerte del niño herido" o la elegía a la muerte de García Lorca: "El crimen fue en Granada".

Será en estos poemas, profundamente humanos, donde volveremos a reconocer a nuestro poeta, el que podía seguir soñando con el paraíso de la niñez casi en las puertas de la muerte, como atestigua su último verso:

"Estos días azules y este sol de la infancia".

3.3. Estudio métrico de la poesía machadiana

La rima

El poeta prefiere la rima asonante indefinida: "La rima verbal y pobre / y temporal, es la rica". La asonancia es su rima típica. Machado usó todas las formas tradicionales en asonante: seguidillas, soleares, coplas y romances (fue un gran romancista).

Lo anterior no quiere decir que nunca utilizase la rima consonante. Usó las formas tradicionales de la consonancia con relativa frecuencia: pareados, serventesios, cuartetos, redondillas, cuartetas, quintetos, dodecasílabos, liras, silvas, etcétera.

El soneto lo utilizó sólo en su última época —a partir de *Nuevas canciones*— y con muchas irregularidades sobre el esquema clásico, como era habitual en el modernismo.

La medida de los versos

Utilizó nuestro autor versos de una gran variedad. Los más cortos son los tetrasílabos, y los más extensos los octonarios (16 sílabas con cesura o pausa central: 8 + 8). Entre ambos se pueden encontrar todas las medidas, incluso las menos habituales en nuestra lengua, como los eneasílabos o los dodecasílabos, ambos característicos de la poesía francesa.

Es frecuente, además, la mezcla de versos de distinta medida, hasta tal punto que el poema más típico de nuestro autor combina un número indeterminado de versos de 7 y de 11 sílabas: se trata de la silva romance o silva asonantada, con una sola rima en los versos pares. La silva romance es una serie indefinida de versos, es decir: no forma estrofa, de manera que se pliega mejor al pensamiento lírico de Machado y le permite una mayor libertad.

El ritmo

Fiel heredero del modernismo, Machado fue innovador no sólo por incorporar variantes en las estrofas tradicionales, sino también por adoptar elementos de la versificación cuantitativa clásica. Esta versificación es propia del griego y el latín, que hacen diferencias en la duración de las sílabas, y basa su ritmo en la alternancia de sílabas largas y breves que, según estén colocadas, dan lugar a los distintos pies o unidades métricas (como, por ejemplo, el dáctilo: conjunto de una sílaba larga seguida de dos sílabas breves).

La acomodación de este sistema a nuestra lengua la hizo Rubén Darío, sustituyendo la sílaba larga por una sílaba tónica y las breves por sílabas átonas. Por ejemplo:

Ínclitas - rázas u - bérrimas - sángre deHis - pánia fe - cúnda...

Con todos estos elementos que hemos expuesto, añadidos a la extraordinaria sensibilidad artística de nuestro poeta, Antonio Machado fue capaz —y esto es lo verdaderamente importante— de transmitir belleza y humanidad a raudales a todos los lectores que han gustado de su poesía.

3.4. Sentido y valor. Proyección e influencia en la historia literaria

La poesía de Antonio Machado supuso el comienzo de una nueva manera de escribir. Fue el tránsito desde el modernismo, sonoro y brillante, pero vacío de contenido humano en la mayoría de los casos, hasta una poesía reflexiva, seria, que nunca rehuyó los temas esenciales del ser humano: el tiempo, la vida, el amor, la muerte y, en la lejanía, Dios.

Posteriormente, los poetas de la generación del 27 se separaron de estos presupuestos, en general, y se dedicaron a una poesía más artística, más "deshumanizada", es decir, más preocupada por la técnica del verso, por la pureza de la literatura o por la adopción de las nuevas corrientes —como el surrealismo—, que por los sentimientos o problemas del hombre concreto y de la sociedad en la que les tocó vivir. De todos modos, estos poetas siempre mostraron su afecto hacia el hombre bueno que fue don Antonio Machado y su respeto por la poesía que escribió.

Fueron los componentes de la llamada "generación del 36" o generación de la República: Luis Rosales, los hermanos Panero (Leopoldo y Juan), Luis Felipe Vivanco, Miguel Hernández, Dionisio Ridruejo, Germán Bleiberg, Victoriano Crémer, Gabriel Celaya y otros, los que volvieron la vista al poeta de Castilla, a nuestro Antonio Machado y a su concepto social y humano de la poesía. Así lo dicen en el Simposio de Syracuse:

"... nuestra participación en los hechos [que dieron lugar a la República], a lo largo de 1930 y 31, nos sacó del magisterio inmediato de la generación del 27, para llevarnos hacia Unamuno, hacia Antonio Machado, hacia Ortega. Y nos apartó de la brillante y gozosa tentación del juego poético y literario, para acercarnos a la integridad del hombre de carne y hueso."

Desde entonces, casi podríamos asegurar que ningún poeta lo ha sido en este país si no ha pasado por el magisterio cálido y humano de Antonio Machado.

4. Más allá de lo literario

Para un acercamiento a la figura y a la obra de Antonio Machado, disponemos de dos espléndidos documentos audiovisuales: el disco en el que Joan Manuel Serrat, uno de los cantautores españoles más prestigiosos, pone música a un selecto grupo de poemas de Machado, editado en 1969; y el capítulo correspondiente a Antonio Machado de la serie de Antonio Gala, *Paisaje con figura,* emitida por RTVE en 1984, interpretada por Fernando Delgado y dirigida por Carlos Serrano.

También se puede acceder a una interesante cronología bio-bibliográfica de Antonio Machado consultando la página de Internet alipso.com/monografias/amacha

El IES Antonio Machado de Soria, instituto en el que Antonio Machado impartió clases durante su estancia en esa ciudad, convoca premios de creación literaria, investigación científica y creación plástica y visual para alumnos de ESO, Bachillerato y Ciclos formativos. Su dirección es: http://centros5.pntic.mec.es/ies.antonio.machado2/premios.html

Índice

Prólogo por Justo Navarro 5

Antología Poética 9
   Soledades. Galerías. Otros poemas (1899-1907) . 11
   Campos de Castilla (1907-1917) 38
   Nuevas canciones (1917-1924) 103
   De un cancionero apócrifo (1924-1936) 122
   Poesías de la guerra (1936-1939) 132

Estudio de la antología poética
de Antonio Machado 139
   1. Estudio de la época 143
   2. El autor y su obra 152
   3. Estudio de la obra 161
   4. Más allá de lo literario 170

Este ejemplar se terminó de imprimir en Diciembre 2014,
En COMERCIALIZADORA DE IMPRESOS OM S.A. de C.V.
Insurgentes Sur 1889 Piso 12 Col. Florida
Alvaro Obregon, México, D.F.